BIYON KATTILATHU

SPAZIERGANG ZU DIR SELBST

*Eine **magische Reise***
*zu mehr **Achtsamkeit**,*
***Selbstliebe** und Gl*

Wer das liest,
ist ein
wunderschöner
Mensch.

BIYON 3D

Wenn du dieses Symbol siehst, kannst du Biyon beim Spaziergang live erleben, während du dieses Buch liest. In seinen persönlichen Videobotschaften teilt er seine Gedanken zu den einzelnen Abschnitten des Spaziergangs mit dir und schlägt dir kleine Challenges vor.

Alles, was du tun musst:

- Halte die Kamera deines Smartphones auf den QR-Code, der jeweils neben dem Symbol abgebildet ist. Oder nutze einen QR-Code-Scanner.
- Lass dich auf die Landingpage leiten.
- Und: Video ab!

INHALT

VORFREUDE!

Ich freue mich sehr, dass du dieses Buch aufgeschlagen hast und mir deine kostbare Aufmerksamkeit schenkst. Das ist nicht selbstverständlich. Unser Leben ist in der Regel vollgestopft mit zahlreichen Aufgaben und Verpflichtungen, wir haben oft das Gefühl, zu wenig Zeit zu haben, und vielleicht gibt es auch gerade etwas Bestimmtes, das dir Sorgen bereitet oder Ängste und Zweifel in dir auslöst. In solchen Momenten sehnen wir uns nach einem Ort, der uns Halt gibt. Einen Ort, an dem wir etwas zur Ruhe kommen, uns selbst spüren und ein wenig Abstand zum Trubel des Alltags gewinnen.
Für mich ist die Natur ein solcher Ort. Die Bäume, die klare Luft, der weite Horizont und der frische Duft der Pflanzen – all das berührt mein Herz und macht mich froh. Mir persönlich hat die Natur schon viele Male geholfen. In den letzten Jahren bin ich sehr oft im Wald spazieren gegangen und habe nach Antworten gesucht. So viele Pläne, die ich hatte, rückten durch die Pandemie in weite Ferne, ich war oft niedergeschlagen und ratlos. Aber wann immer ich in der Natur war, hat mir das unglaublich gutgetan und ich schöpfte neue Kraft.

Deshalb freue ich mich so, dass du dich entschlossen hast, mit mir gemeinsam diesen Spaziergang zu machen. Es wird ein ganz besonderer Spaziergang, das kann ich dir jetzt schon versprechen. Denn ich möchte dir auf unserem Weg helfen, zu dir selbst zu finden. Ich möchte dir helfen, das aus dem Weg zu räumen, was dich von der Wahrheit trennt – von der Wahrheit dessen, wer du bist und was du in deinem tiefsten Wesen schon weißt. Ich möchte dir helfen, das zu überwinden, was dich von einer aufrichtigen, liebevollen Verbindung mit dir selbst abhält. Diese Verbindung ist so wichtig für ein glückliches, erfülltes Leben. Es gibt diese Verbindung bereits, aber bei vielen von uns ist sie verdeckt oder etwas eingeschlafen. Wir müssen sie nur wieder wachküssen. Deshalb wirst du hier auch nichts Neues lernen. Ich möchte dich vielmehr an Dinge erinnern, die schon längst in dir liegen. Ich möchte dich an Dinge erinnern, die du in deinem tiefsten Inneren weißt, aber möglicherweise vergessen hast. Ich weiß, das klingt krass – aber genau das ist es auch.

Du warst in deinem Leben bereits auf vielen Wegen unterwegs. Einige waren selbst gewählt; manche haben andere Menschen für dich bestimmt. Einige würdest du vielleicht am liebsten rückgängig machen; andere würdest du bestimmt nochmals gehen wollen. Ich kenne nicht alle deine Wege, aber ich bin mir ziemlich sicher, dass jeder einzelne nötig war, damit wir beide uns hier und jetzt begegnen.

Ein Spaziergang unterscheidet sich von den meisten anderen Wegen in unserem Leben. Den Weg zur Arbeit oder zur Schule legen wir routinemäßig zurück; oft sind wir in Eile, sodass wir kaum nach rechts oder links schauen. Es gibt Wege wie den zum Zahnarzt, auf den wir uns vielleicht ungern machen, weil wir Angst vor möglichen Schmerzen haben. Nach dem Besuch bei einer kranken Freundin ist uns möglicherweise schwer ums Herz, weil wir uns um sie sorgen. Bei einer Bergwanderung wiederum mag der Weg anstrengend sein, aber wir haben den Gipfel fest im Auge und freuen uns auf die Aussicht, die uns oben erwartet. All diese Wege haben ein festes Ziel oder einen Beweggrund, der unsere Gedanken stark einnimmt.

Hoffnung macht das Herz weit.
Sie macht dich bereit
für kleine und große Wunder.
Sie warten auf dich.

Ein Spaziergang ist etwas vollkommen anderes. Er kennt oft kein bestimmtes Ziel; niemand nötigt uns, ihn zu unternehmen; er findet in der Natur statt; auch tragen wir in der Regel keine schweren Taschen oder Rucksäcke. Mit anderen Worten, ein Spaziergang hat etwas Luftiges, Leichtes an sich und schenkt uns viele Möglichkeiten – wenn wir uns dafür öffnen.

Egal, was du bisher von Spaziergängen dachtest, glaube mir: So einen Spaziergang hast du noch nicht gemacht. Ich habe die große Hoffnung, dass er zu Freude, Glück und Frieden in deinem Herzen führen wird. Das *erwarte* ich nicht – und ich bitte auch dich, dies nicht zu erwarten. Denn Erwartungen machen unglücklich. Sie verengen unseren Blick, und wenn das Erwartete nicht eintritt, sind wir meist unzufrieden. Wenn wir hingegen *Hoffnung* haben, ist unser Herz offen. Dann sind wir empfangsbereit und werden von kleinen und großen Wundern überrascht. Ich bin mir sicher, dass genau diese kleinen und großen Wunder nun auf uns warten. Um sie zu erleben, musst du gar nichts Besonderes tun. Am besten, du liest diese Zeilen nicht nur mit deinen Augen, sondern auch mit deinem Herzen. Wenn du beim Lesen spürst, wie sich Frieden in dir ausbreitet, sind wir auf dem richtigen Weg. Wenn du beim Lesen spürst, dass sich andere, vielleicht unerwünschte Gefühle regen, dann sind wir auch auf dem richtigen Weg. Sehr oft möchten wir angenehme Gefühle empfangen, während wir allen übrigen Gefühlen die Tür verschließen. Doch so einfach ist das leider nicht ...

Dein Leben ist immer nur
dieser eine Augenblick.

Auch auf diesem Spaziergang werden verschiedene Gefühle bei dir anklopfen. Und kein Gefühl tut dies zufällig. Jedes hat eine Botschaft, die es dir unbedingt mitteilen möchte. Lass das bitte zu, denn die Botschaft möchte etwas für dich tun: Jede Botschaft möchte dir helfen. Jede einzelne Botschaft trägt ein Erkennen in sich, das dir helfen wird, dich selbst ein bisschen besser zu verstehen.
Unser Spaziergang wird voller Liebe und Verbundenheit sein, doch er wird dich auch herausfordern. Du wirst neue Perspektiven entdecken. Du wirst Dinge infrage stellen, die du lange Zeit über dich und das Leben dachtest. Hab keine Angst, das zu tun. Viele Menschen fürchten sich jedoch davor, weil sie möglicherweise wissen, was sie *nicht* sind, aber noch nicht begreifen, was und wer sie sind. In dem Wort »begreifen« steckt ja auch das Wort »greifen«. Und vielleicht fürchten sich viele Menschen davor, ins Leere zu greifen. Sie möchten so gern nach etwas greifen können, um sich daran festzuhalten.

Aber es geht nicht darum, sich an etwas oder an jemandem festzuhalten, sondern darum, Halt in dir selbst zu finden. Und genau das wird dir im Laufe dieses Spaziergangs gelingen. Du wirst begreifen, dass die größte Stütze in deinem Alltag und in deinem Leben nicht außerhalb von dir liegt, sondern in dir ihre Heimat hat.
Lass dieses Buch seine Wirkung entfalten. Damit das geschehen kann, ist es wichtig, dass wir beide hin und wieder stehen bleiben, eine kleine Pause einlegen, sodass die Worte, Gedanken und Gefühle einsinken können. Vielleicht legst du das Buch zwischendurch mal zur Seite, vielleicht denkst du länger über eine Sache nach, vielleicht teilst du deine Gedanken mit einem Herzensmenschen oder du schließt für einige Momente die Augen. Unsere Wirklichkeit entsteht nur dann, wenn wir Eindrücken die Chance geben, auf uns zu wirken.
Aus dem gleichen Grund ist das, was ich auf unserem Spaziergang nicht sage, manchmal sogar wichtiger als das, was ausgesprochen wird. Vielleicht kennst du das aus eigener Erfahrung: Du erinnerst dich an einen Moment mit einem bestimmten Menschen. Die Worte, die ihr ausgetauscht habt, sind längst verhallt, aber das Gefühl, das bei dieser Begegnung entstand, ist geblieben …, und dieses Gefühl war genau dann so richtig stark, wenn du der Begegnung die Chance gabst, eine wichtige Begegnung für dich und dein Leben zu sein. Bitte gib auch uns und unserer Begegnung diese Chance und lass dich mit ganzem Herzen auf alles ein, was dieser Spaziergang für dich bereithält.
Vergiss nur eine Sache nicht: Egal, wo wir hingehen, wir nehmen uns selbst mit. Das ist auf diesem Spaziergang so und auch auf allen anderen Wegen unseres Lebens. Dein Leben ist immer nur dieser eine Augenblick. Und dieser Augenblick ist nie Mittel zum Zweck.

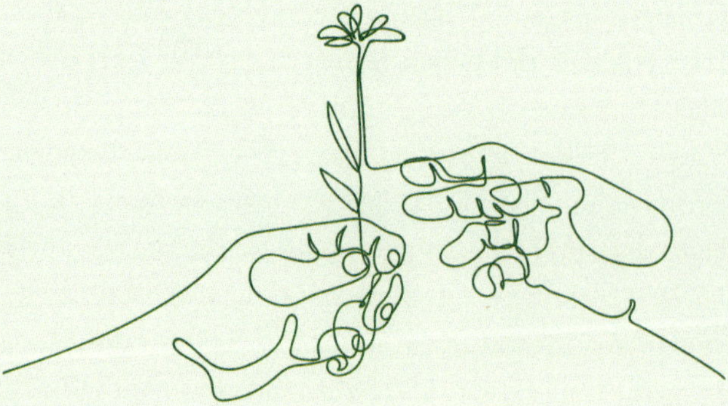

BESONDERE BEGEGNUNGEN
zeichnen sich nicht durch die Worte aus, die ausgetauscht wurden, sondern durch das
GEFÜHL, DAS AM ENDE BLEIBT …

Unser Spaziergang wird schön, wenn wir Augenblick für Augenblick genießen. Um einen Augenblick zu genießen, brauchst du nichts. Du brauchst keine Zeit. Du brauchst keine anderen Menschen. Du brauchst mich nicht. Du brauchst nicht diese Worte.
Einige Wege verstehen wir erst im Rückblick, was nicht immer leicht ist, da wir nie wirklich wissen, wann der Punkt kommt, an dem die Dinge jeweils Sinn ergeben. Vielleicht hilft dir der Gedanke, dass dein Weg dadurch entsteht, dass du ihn gehst.

Lass die Stimme deines Herzens lauter werden als die Stimmen im Außen und teile die Erfahrungen dieses Spaziergangs mit anderen Menschen.

Für mich gibt es gerade nichts Wichtigeres und Bedeutungsvolleres als diese Zeit mit dir. Und ich freue mich, dass unser imaginärer Spaziergang uns in die Natur führt. Liebst du die Natur auch so sehr wie ich? Sie ist so unendlich wertvoll. Leider macht der Mensch sie oft zu einer Ware, zu etwas, aus dem sich Profit schlagen lässt. Er sieht keinen Baum, sondern Papier. Er sieht keine Tiere, sondern Nahrung. Er sieht keinen Wald, sondern unbebauten Raum. Wenn du die Natur mit solchen Augen betrachtest, siehst du nicht, was sie dir eigentlich schenken möchte. Sie möchte dir Leben schenken, und zwar, ohne etwas dafür zu verlangen. Und sie gibt dir das, wonach wir Menschen seit Urzeiten streben: bedingungslose Liebe. Sobald dir dies bewusst ist, blickst du vollkommen anders auf die Natur und fühlst dich ganz. Denn du und ich, wir sind nicht getrennt von der

Natur, wir sind *eins* mit der Natur. Aber auch darüber werden wir auf unserem Spaziergang noch ausführlicher sprechen.
Ich habe in der Vergangenheit vor allem dann den Weg in die Natur gefunden, wenn es mir nicht gut ging. Dabei hätte ich viel häufiger auch meine Freude mit ihr teilen können. Ich suchte in ihr Trost nach dem Tod geliebter Menschen; ich suchte Nähe, als ich mich alleine fühlte; manchmal fragte ich sie auch, wie ich meine Miete bezahlen sollte. Ich konnte immer auf sie zählen. Sie hat mir immer geantwortet. Oder besser gesagt: Sie eröffnete mir Antworten, die bereits in mir lagen. So führte sie mich zu Dankbarkeit, die auf die Trauer folgte. Sie führte mich zu der Erkenntnis, dass ich die Liebe, die ich suchte, zuerst mir selbst geben musste. Und sie stellte mir einen Scheck für meinen Vermieter aus. Okay, den Scheck schrieb sie nicht wirklich, aber sie weckte tief in mir den Mut, weiterzumachen und an mich und an meine Träume zu glauben.
Keiner meiner Spaziergänge glich dem anderen. Manche ließen mich fragend zurück, andere wühlten mich noch mehr auf. Aber schließlich fand ich etwas, das noch viel wertvoller war als alles, was ich zu finden gehofft hatte ... Auch du wirst am Ende unseres Spaziergangs diese kostbare Entdeckung machen.

Dein Weg entsteht dadurch,
dass du ihn gehst.

Ich bin voller Vorfreude auf diesen Tag mit dir, weil wir so viele unterschiedliche Dinge erleben werden: Wir werden durch einen wunderschönen Wald gehen, durch eine Blumenwiese streifen und

an einem Bach entlanglaufen; wir werden uns Zeit nehmen, kleine Pausen einlegen, eine ganz besondere Hütte aufsuchen und an einem Teich vorbeikommen, der mit einer tiefen Weisheit aufwartet. Und schließlich – vermutlich wird es dann schon dunkel sein – werden wir unseren Bestimmungsort erreichen. Keine Sorge, das ist alles gut zu schaffen und am Ende jeder Etappe, am Ende jedes Kapitels, wartet eine kleine Aufgabe auf dich, die dir hilft, das Erlebte ein wenig zu reflektieren und zu vertiefen. Wenn du noch einen Schritt weitergehen willst, scanne den QR-Code am Kapitelende und ich leite dich in einem Video zu einer weiteren Challenge.
Ich bin dir sehr dankbar, dass du mir das Vertrauen schenkst, dich auf diesem Weg begleiten zu dürfen. Denn ich weiß, was es heißt, eine so persönliche und emotionale Reise mit jemandem zu teilen. Bevor wir uns gleich aufmachen, habe ich noch eine Bitte an dich: Lass die Stimme deines Herzens lauter werden als die Stimmen im Außen und teile deine Erfahrungen mit den Menschen, die noch nicht bereit sind. Teile mit ihnen Worte, die dir geholfen haben. Zeige ihnen Wege auf, die du entdecken durftest. Sie werden dir sehr dankbar sein und ich werde es auch sein.
Und nun lass uns losgehen, denn es wartet noch so viel auf uns. Es ist *dein* Weg. Du bestimmst die Richtung. Wir gehen in deinem Tempo und nehmen uns die Zeit, die du brauchst. Wenn dich ein bestimmter Weg lockt, schlagen wir ihn ein. Wenn du in Stille einen Baum betrachten möchtest, dann tun wir das – so lange und mit so viel Hingabe, wie du möchtest. Ich habe auf dich gewartet und freue mich aus ganzem Herzen, dass du nun hier bist! Du wirst sehen: Dies ist wirklich ein *magischer Spaziergang* …

Das Geheimnis des Spazierengehens ist:

KEIN SPAZIERGANG GLEICHT DEM ANDEREN.

Manche Spaziergänge überraschen dich, andere werfen neue Fragen auf. Aber jeder Spaziergang bewirkt etwas ganz Besonderes:

ER BRINGT DICH MEHR IN KONTAKT MIT DIR SELBST.

DIE ERSTEN SCHRITTE

Es ist ein wunderschöner Morgen. Am Himmel sind nur wenige Wolken zu sehen. Die Wärme des Tages kündigt sich an, doch noch ist sie nicht da, noch umhüllt uns die morgendliche Frische. Wenn wir tief einatmen, durchdringt diese Frische unseren ganzen Körper. Auf den Blättern liegt Tau, sodass der Wald wirkt, als sei er frisch getauft worden. Die Äste der Bäume wiegen sich im Wind und einige bewegen sich so träge, als wären sie noch nicht ganz wach.

Ich freue mich enorm auf diesen Spaziergang mit dir und auf unsere Gespräche. Viele Gespräche sind langweilig nichtssagend und uninteressant, weil wir höflich sein wollen, anstatt zu sagen, was wir wirklich denken und fühlen. Jede Unterhaltung wird jedoch interessant und lebendig, wenn wir anfangen, mit ehrlichem Herzen zu sprechen. Und das verspreche ich dir: Ich werde dir gegenüber

vollkommen offen sein. Und ich habe irgendwie das starke Gefühl, dass auch du diesen Weg mit ehrlichem Herzen gehen wirst.
Aber lass uns diesen Weg vor allem ganz entspannt gehen. Niemand drängt uns, wir haben alle Zeit der Welt, es gibt keine sonstigen Verpflichtungen. Das ist auch gut so. Denn so können wir uns wirklich auf unser Gespräch und auf die Fülle und Sanftheit der Natur einlassen. Die Schönheit des Waldes gehört dem, der sie entdeckt. Die Schönheit deines Lebens gehört dir, wenn du sie entdeckst.
Warum treffen wir uns eigentlich hier an diesem Waldweg? Ich habe festgestellt, dass immer mehr Menschen genug haben vom Wettlauf des Höher-Schneller-Weiter. Wo verbringen die meisten ihre freie Zeit oder ihren Urlaub? Am See, am Strand, in den Bergen, im Wald … in der Natur. Es zieht sie hin zum Ursprung. Mir geht es da genauso. Ich liebe die Berge, das Wasser, die Natur; all das sind für mich Kraftorte. An diesen Orten finden wir etwas, das wir sehr stark fühlen, aber selten in Worte fassen können. Und deswegen möchte ich genau hier mit dir sein. Ich bin mir nämlich sicher, dass wir hier ein bisschen Glück finden werden.
Siehst du da hinten die großen Bäume? Wenn sich das Glück in den Baumkronen verstecken würde, würden alle Menschen klettern lernen, um das Glück zu finden. Wenn das Glück an der Wurzel dieses Baums vergraben läge – die Menschen würden in Nullkommanichts anfangen zu graben, um in den Besitz des Glücks zu kommen. Und was würde passieren, wenn das Glück in den Menschen selbst zu finden wäre? Sie würden es weiter suchen – in den Baumkronen, unter den Baumwurzeln, in den Sträuchern, auf den Bergen und in den Bächen. Aber nur wenige kämen auf die Idee, es tatsächlich in sich selbst zu suchen. Ich meine damit nicht, dass wir nicht die Schön-

heit genießen sollten, die uns auf unserem Weg begegnet. Sie kann und wird uns viel Freude bringen. Aber das wahre Glück – das will in dir gefunden werden. Vielleicht sind ja alle Menschen glücklich, nur einige haben es im Laufe ihres Lebens vergessen?

Jeder Baum, der uns begegnet, wird unser Lehrer sein.

Alles hier ist voller Leben und doch so still und unberührt. Ich verstehe nicht, wie man an einem Baum vorbeigehen kann, ohne glücklich zu sein. Bäume sind Gedichte, die die Erde in den Himmel schreibt, sagte schon der Dichter Khalil Gibran. Jeder Baum, der uns begegnet, wird unser Lehrer sein. Du wirst überrascht sein, wie viel uns die Natur lehren kann, um uns auf natürliche Weise zu unserer eigenen Natur zu führen. Sanft, unaufdringlich, liebevoll, friedlich. Und zugleich gibt es auf jedem Spaziergang unglaublich viel zu entdecken. Ich mag dieses Wort sehr: Es klingt so, als würden wir etwas »ent-decken« – also eine Decke heben, um zu schauen, was darunter verborgen liegt. Die wichtigen und schönen Aspekte des Lebens sind für uns nicht immer sofort ersichtlich; oft verstellen uns der Alltag, irgendwelche Konventionen oder unsere eigene Unentschlossenheit den Zugang zu ihnen.

Wie lange lag in meinem Leben eine Decke auf irgendwelchen Dingen! Manchmal haben dann liebe Menschen auf sie gezeigt und mir damit sehr geholfen. Hochheben musste ich die Decke aber selbst. Dann wieder entdecken wir plötzlich von alleine etwas in uns und fragen uns, warum wir es nicht sehen konnten. Vielleicht gibt es so eine Decke ja auch in deinem Leben. Worauf liegt sie momentan? Auf deinem Glück? Auf der Liebe? Auf deiner Stärke? Wie würde es sich anfühlen, wenn du sie anhebst? Manche Menschen haben Angst, ihre Decken hochzuheben. Wenn sie aber die Angst als Chance begreifen könnten, Mut zu entwickeln, dann würden sie gespannt schauen, was da noch in ihnen verborgen liegt. Und dann müssen wir den Dingen die Chance geben, durch uns zu wirken ... Etwas zu entdecken, gibt mir auch immer wieder das wunderbare Gefühl, dass alles bereits da ist. Das Leben sorgt gut für uns, wir müssen nicht alles mühevoll selbst erschaffen. Aber um das entdecken zu können, müssen wir aufmerksam sein. Aufmerksamkeit meint eine liebevolle Zuwendung zu den Menschen und Dingen um uns herum und verbindet so den Beobachter und das Beobachtete. Sie heilt die Trennung, die sonst herrschen würde. Außerdem gibt es so vieles, was wir gar nicht bemerken, wenn wir unaufmerksam sind. Zum Beispiel die kleine grüne Raupe auf dem Zweig dort. Nimm sie doch mal ganz vorsichtig auf den Finger.

Behutsam streckst du deine Hand aus und die kleine grüne Raupe bewegt sich langsam auf deinen Finger.

Aus dieser Raupe wird zunächst eine Puppe und dann ein Schmetterling. Insofern ist auch der verpuppte Schmetterling noch zugedeckt oder besser gesagt: von seinem Kokon eingewickelt. Er muss sich daraus befreien, um als wunderschöner Schmetterling losfliegen zu können. Auch wir haben einen Kokon. Er besteht manchmal aus Zweifeln. Manchmal aus Angst. Manchmal aus Dingen, die andere zu uns gesagt haben. Manchmal aus Ungewissheit. Manchmal aus Misstrauen und Enttäuschung. Von all dem können wir uns befreien, indem wir uns genau diesen Dingen stellen: Unser Weg führt immer durch diese Emotionen und Gefühle hindurch.

**Egal, wo du hingehst,
du nimmst dich selbst immer mit.**

Ich liebe die Vorstellung, dass ich dem Schmetterling nicht dabei helfen kann, seinen Kokon zu durchbrechen. Das muss er unbedingt selbst tun. Denn in diesem Moment entwickelt er in seinen Flügeln die Kraft, die er braucht, um zu fliegen, um die Welt zu erkunden und sie mit seiner Schönheit zu bereichern. Wer weiß? Vielleicht erlebst auch du Momente auf unserem gemeinsamen Weg oder in der Zeit danach, in denen du losfliegen könntest, weil du innerlich merkst, dass Dinge, die dich lange zurückgehalten haben, nicht mehr auf dir lasten. Ich würde mich so sehr darüber freuen.

Weil jeder Spaziergang so viel Neues bietet, ist er für mich immer auch ein Abenteuer. Das englische Wort für Abenteuer lautet »adventure«. Und es leitet sich her aus dem lateinischen Wort »adventus«, was »Ankunft« bedeutet. Ich war in Latein nie wirklich gut, aber das habe ich nie vergessen. Ich will dich jetzt auch nicht mit meinen Lateinkenntnissen beeindrucken, sondern mit der tieferen Bedeutung dieses Wortes. Denn so wie ich es verstanden habe, steckt im Abenteuer bereits die Ankunft. Wenn du dich also gefragt hast, wohin unser Spaziergang führt, dann hast du jetzt schon eine Antwort. In jedem Schritt unseres Abenteuers steckt eine kleine Ankunft. Jeder Schritt, den du machst, besitzt die Kraft einer Ankunft.

Die

SCHÖNHEIT

DES WALDES

gehört dem, der sie entdeckt.

DIE SCHÖNHEIT

DEINES LEBENS

gehört dir, wenn du

sie entdeckst.

♥

Warum ich dir gleich am Anfang unseres Spaziergangs etwas vom Ankommen erzähle? Es geht bei unserem Spaziergang nicht darum, den Mount Everest zu besteigen, sondern darum, Möglichkeiten wahrzunehmen und immer wieder anzukommen: in genau diesem Augenblick; bei dir selbst. Und egal, wo wir auf unserem Weg sein werden, ich werde zu jedem Zeitpunkt zufrieden sein. Freiheit bedeutet für mich nämlich auch, immer dort zufrieden zu sein, wo man gerade ist. Alles andere sind freiwillige Gefängnisse.

Grenzen existieren nur in unserem Kopf. In Wirklichkeit sind wir Menschen grenzenlos.

Die Wege, die wir nun gemeinsam beschreiten, sind ab jetzt immer für dich da. Wenn du merkst, dass dir ein bestimmter Weg besonders gutgetan hat, du ihn besonders schön fandest oder du ihn gerade brauchst, dann gehe ihn ruhig noch einmal. Wenn du merkst, dass sich ein bestimmter Schritt gut angefühlt hat, dann mache ihn noch mal. All das steht dir künftig immer offen.
Jetzt sind wir schon eine Weile durch diesen wundervollen morgendlichen Wald gelaufen, der dich hoffentlich genauso glücklich macht wie mich. Und ich möchte dir nun eine Frage stellen, die dich vielleicht ein wenig überrascht, aber dir auf dem Weg, der vor uns liegt, helfen wird: *Wer bist du?*
Ja, wer bist du eigentlich? Versteh mich bitte nicht falsch, ich möchte jetzt nicht deinen Namen wissen. Es geht mir auch nicht um deinen Beruf, deine Ausbildung, dein Äußeres, deine Religion oder darum,

ob du Single oder verheiratet bist und so weiter. Wenn wir all diese Aspekte einmal weglassen, was bleibt dann? Was macht dich als den Menschen, der du bist, wirklich aus? Lass diese Frage auf dich wirken. Sie hat es in sich, ich weiß, und ich erwarte nicht, dass du sie aus dem Stegreif beantworten kannst. Aber wenn du sie auf unserem Spaziergang behutsam in deinem Herzen trägst, wird die Antwort irgendwann ganz von alleine kommen, das verspreche ich dir. Warum wir die Antwort oft in den genannten äußeren Dingen suchen, ist mir nicht ganz klar. Aber ich versuche mich von diesen Antworten zu lösen, weil sie uns begrenzen. Sie benennen immer nur eine winzige Facette unseres Seins. Und sie begrenzen uns nicht nur in dieser Hinsicht, sondern auch in unserem Denken. So habe ich früher auf die Frage »Wer bist du?« oft geantwortet: »Ich bin Biyon«. Diesen Namen habe ich mir nicht selbst ausgesucht, meine Eltern haben ihn mir gegeben (und übrigens auch erfunden). Sagt er wirklich etwas darüber aus, wer ich bin? »Ich bin Inder« war eine weitere Antwort von mir, wenn ich spürte, dass jemand an meiner Herkunft interessiert war. Im Grunde genommen war das falsch, da ich ja in Deutschland geboren bin, aber ich wollte meinem Gegenüber schneller das geben, was er anscheinend wissen wollte. Und so setzte ich mir zunächst die Grenze, dass ich ein Name bin, und dann die Grenze, dass ich einem bestimmten Land zuzuordnen bin. Es dauerte einige Jahre, bis ich die gedankliche Grenze überwand und erkannte, dass meine dunkle Hautfarbe nicht mit dem Namen eines Landes zusammenhängt, in dem meine Wurzeln liegen, sondern einfach mit der Sonne, die auf diesem Teil der Erde stärker scheint. Jede alltägliche Antwort auf die Frage »Wer bist du?« beschädigt die echte Verbindung zu uns selbst und erzeugt weitere Grenzen. Dabei existieren Grenzen nur in unserem Kopf. In Wirklichkeit sind wir Menschen grenzenlos ...

Eine kleine Bitte habe ich noch: Nimm diesen Samen hier und lass uns ihn einpflanzen. Ein Samen ist ein Anfang. Er ist so klein und enthält doch alles, was es braucht, damit aus ihm eine wunderschöne Pflanze wird. Genauso ist es mit unseren Gedanken und Gefühlen, wenn wir uns selbst ent-decken oder etwas verändern möchten. Es braucht einen kleinen Anstoß, damit wir zu uns selbst finden. Such dir einen schönen Platz am Wegesrand und pflanze den Samen liebevoll in den Boden. Hab keine Angst vor schmutzigen Händen, im schlimmsten Fall sehen sie danach so dunkel aus wie meine. Hier, steck dir noch einen weiteren Samen in die Hosentasche. Und nun lass uns weitergehen. Es wartet noch so viel auf uns ...

1

UND JETZT DU ...

BEGINNE IN KONTAKT MIT DIR SELBST ZU TRETEN.
SUCHE DIR EINEN RUHIGEN PLATZ UND NIMM DIR ZEIT
FÜR FOLGENDE FRAGEN:

- Wann musste ich immer stark sein?
- Wann war das nicht immer leicht für mich?
- Wann hatte ich schwere Zeiten?

- Was habe ich durch herausfordernde Zeiten Schönes an mir entdeckt?
- Welche Fähigkeiten und Stärken habe ich dadurch »entwickelt«?

EIN PAAR SCHRITTE IN DIE AKZEPTANZ

Der Wald lichtet sich und nach wenigen Metern stehen wir am Rande einer Wiese, über die eine sanfte Brise hinwegstreicht. Bunte Blumen recken die Köpfe in die Höhe, und wir hören das leise Brummen der Bienen und Insekten.

Komm, lass uns einfach querfeldein gehen. Vielleicht werden unsere Schuhe vom Tau ein wenig nass, aber dafür laufen wir mitten durch die Blumen und die vielen anderen kleinen Pflanzen. Herrlich, wie sie duften und wie weich sich das Gras unter unseren Füßen anfühlt! Manchmal braucht es so wenig, damit es uns gut geht, oder?

Erstaunlicherweise ist das vielen Menschen überhaupt nicht bewusst. Ständig hadern sie mit irgendetwas, sind unzufrieden mit sich selbst oder anderen Menschen. Deshalb möchte ich die Gelegenheit nutzen und mit dir über etwas sprechen, das unser Leben so viel leichter und schöner machen kann: Akzeptanz. Vielleicht denkst du jetzt: Aber was hat das mit meinem Glück zu tun? Kann ich wirklich gut verstehen – ich habe auch eine Weile gebraucht, bis ich's verstanden habe. Mit Akzeptanz meine ich eine Grundhaltung gegenüber dem Leben, durch die uns alles leichter fällt. Denn sie hilft uns, gelassen zu bleiben, die Dinge richtig einzuordnen und nach vorn zu blicken. Na, neugierig geworden?

Nichts ist beständiger als die Veränderung.

Weißt du, sehr vielen Menschen fällt es schwer zu akzeptieren, dass sich Dinge verändern. Sie möchten gern, dass alles beim Alten bleibt, wobei ihnen oft gar nicht bewusst ist, dass sie so denken. Diese Haltung ist die Ursache von sehr viel Leid. Dabei brauchen wir uns nur umzuschauen, um zu sehen, dass alles in ständiger Veränderung ist: diese Wiese zum Beispiel und die Blumen um uns herum, die im Herbst vertrocknen und nach einem kalten Winter wieder anfangen zu blühen. Veränderung ist immer und überall. Auch wir, du und ich, sind in ständiger Veränderung. Wenn du ein altes Foto von dir findest, wirst du sofort eine Veränderung feststellen. Und auch jetzt, während du diese Worte liest, findet Veränderung statt. Im Kleinen. Im Verborgenen. Sogar ein einziger Gedanke hat die Macht, uns zu

verändern. Auch in unserem Körper vollziehen sich seit dem Tag, an dem wir das Licht der Welt erblickten, Veränderungen.
Wandel ist gut. Ohne Wandel gäbe es kein Leben, dann wäre alles bloß tote Materie. Selbst wenn ich den Wandel nicht begrüße und ihn womöglich als negativ ansehe, findet er trotzdem statt. Deswegen ergibt es Sinn, ihn zu umarmen. Mit offenen Armen und offenem Herzen. Wandel ist unabdingbar. Der Baum dort hinten wird sich nicht beschweren, wenn er die Blätter im Herbst verliert. Er hat ein Grundvertrauen, dass sie wiederkommen. Und damit hat er vollkommen recht, denn im nächsten Frühling werden überall neue Blätter an seinen Ästen und Zweigen wachsen.
Das ist so und das wird auch immer so sein. Genauso wird nach Regen die Sonne wieder scheinen. Wir wünschen uns zwar manchmal, dass die Sonne immer scheint, aber Regen ist notwendig. Diese Wiese, durch die wir gerade laufen, gäbe es ohne Regen nicht; Regen gehört zum Kreislauf der Natur dazu.
Und genauso gehören alle Dinge, die geschehen, zu unserem Leben dazu: die Zeiten, die sich wie Regen anfühlen, und die Zeiten, die nach Sonne schmecken. Du weißt nie, welche Samen der Regen gerade keimen lässt. Du weißt nie, welche Dinge in dir passieren – nicht trotz, sondern wegen des Regens.
Schau mal nach oben. Während wir über den Regen gesprochen haben, hat sich der Himmel zugezogen und nun hängen dicke Wolken über uns. Streck doch mal die Hand aus. Spürst du die kleinen Tropfen, die auf deine Hand fallen? Als wenn sie genau dorthin gehörten. Mein Grundschullehrer sagte bei Regen immer: »Der Himmel weint.« Und heute habe ich diesen Satz für mich so ergänzt: »Der Himmel weint Freudentränen.« Vielleicht freut er sich, dir

Erkenntnisse und Erfahrungen bringen zu dürfen. Manchmal stelle ich mir vor, dass genau dies in jedem Tropfen gebündelt steckt. Das Beste, was du bei Regen machen kannst, ist, dich darüber zu freuen. Kannst du die Wolken einfach anschauen? Kannst du sie willkommen heißen und weiterziehen lassen? Kannst du einen Gedanken einfach akzeptieren, ohne ihn zu bewerten? Im Leben geht es nicht darum, zu warten, bis das Unwetter vorbeigezogen ist, sondern darum, zu lernen, im Regen zu tanzen. Was meinst du, wie schön es für uns beide wäre, barfuß auf dieser Wiese im Regen zu tanzen? Das leichte Kitzeln der Grashalme an unseren Füßen, die Regentropfen, die wie kleine Küsse die Haut berühren ...

Manchmal gewinnt man.
Und manchmal lernt man.

Mir hilft der Gedanke sehr, dass alles *für* uns passiert. Etwas zu akzeptieren bedeutet ja nicht, es gutzuheißen. Akzeptanz stellt keine Beurteilung oder Bewertung dar, sondern weitet unseren Blick. Sie geht oft einher mit der Bereitschaft, zu vertrauen: uns selbst, anderen Menschen um uns herum, dem Leben ...
Übrigens ist Akzeptanz leichter zu erreichen, wenn wir uns entscheiden, den Dingen einen anderen Namen zu geben. Zum Beispiel gewinnen wir manchmal, und manchmal ... Nein! Wir verlieren nicht – wir *lernen*. »Manchmal gewinnt man. Manchmal lernt man.« Du kannst dir nicht vorstellen, wie oft ich mir im Leben schon gesagt habe: »Okay, sehr gut. Wieder etwas gelernt.« Manchmal sind dabei Tränen geflossen, aber nach und nach wurde das zu einem Satz, den

ich nicht nur dachte oder aussprach, sondern er wurde wirklich zu einem Teil von mir.
Komm, wir stellen uns kurz bei einem Baum unter. Dieser hier hat dichte Zweige, die halten sicherlich den Regen ab. Ich liebe zwar die Freudentränen, aber ich habe im Laufe der Zeit die Erfahrung gemacht, dass mir, wenn ich sie zu lange willkommen heiße, irgendwann Freudentränen auch aus der Nase laufen.
Hin und wieder fragen mich Leute, wie ich das mache: so positiv zu denken. Dann frage ich immer zurück, wie sie es machen, so negativ zu denken. Ich glaube, dass für beides dieselbe Energie vonnöten ist. Ich glaube aber auch, dass das Leben mehr Spaß macht, wenn wir lernen, zu akzeptieren, wenn wir lernen, im Regen zu tanzen und darauf zu vertrauen, dass alles für uns passiert. Ich weiß, dass du ein intelligenter Mensch bist, aber Intelligenz bedeutet nicht, immer alles zu verstehen, sondern auch offen zu sein für Ahnungslosigkeit und in dieser Ahnungslosigkeit zu lächeln. Ich habe so oft keine Ahnung. Es gibt so vieles, das ich nicht verstehe. Und das ist absolut in Ordnung, das finde ich wunderbar.
Ich erinnere mich noch an einen meiner ersten Besuche in Indien. Ich war vielleicht sechs oder sieben Jahre alt. Wir waren in Mumbai gelandet und verbrachten dort drei Tage, bevor wir nach Südindien weiterflogen, wo meine Eltern herkommen. Natürlich nutzten wir die Zeit, um uns die Stadt anzuschauen. Für mich war damals alles etwas zu viel. Zu viele Menschen. Zu viel Smog. Zu viele hupende Autos. Zu viele Kühe auf den Straßen. Und plötzlich stand ich zwischen zwei Welten: Zu meiner Linken lag ein pompöses Fünfsternehotel und zu meiner Rechten sah ich nackte Kinder auf der Straße herumlaufen, denn dort waren die Slums. Links betraten

stämmige Geschäftsleute in dunklen Anzügen gestresst das Hotel. Rechts schauten mich große braune Augen an, die mir eine sehr traurige Geschichte vom Leben erzählten. Es gibt Dinge zwischen Himmel und Erde, die verstehe ich einfach nicht. Diese braunen Augen hätten unter anderen Umständen mir gehören können. Jener nackte Junge – das hätte ich sein können. Ich habe oft darüber nachgedacht. Begriffe wie »Fairness«, »Schicksal« oder »Zufall« schwirrten mir im Kopf herum. Sie führten aber nie zu einer Antwort. Es gibt Dinge, die verstehe ich einfach nicht.

Manchen Menschen fällt es wirklich schwer, das Nicht-Verstehen zu akzeptieren, weil sie immer denken, alles wissen zu müssen. Ich glaube, dass viele von ihnen nach dem »Mehr ist mehr«-Prinzip leben. Je mehr sie wissen, desto mehr Anerkennung erhalten sie von außen. Je mehr sie verstehen, desto mehr Liebe können sie sich selbst schenken. Ich sage ja nicht, dass sie nach dem »Weniger ist mehr«-Prinzip leben sollten, aber ich habe das starke Gefühl, dass »mehr ist mehr« oft zum »Tun-Haben-Sein«-Prinzip führt. Viele Menschen verfallen dem »Tun«. Sie denken nach, recherchieren, fragen sich, fragen andere, um dann im zweiten Schritt zu »haben«. Nun haben sie Informationen, Wissen, Erkenntnisse, Erklärungen und glauben, dass sie im letzten Schritt »sein« können. Dann sind sie stolz auf sich, sind zufrieden. Aber das ist nicht nur mühsam, sondern schränkt uns auch in unserem Leben extrem ein. Das echte Sein kommt dabei nie wirklich, weil man in der Mühle des Tuns und Habens hängenbleibt.

Wenn du dem Leben mit Akzeptanz begegnest, dann lebst du nach dem aus meiner Sicht gesünderen »Sein-Tun-Haben«-Prinzip. Du bist bereits stolz auf dich. Einfach so. Du bist bereits zufrieden. Weil du es entschieden hast. Du bist entspannt. Weil du weißt, dass manche Dinge sind, wie sie sind. Und aus diesem Gefühl heraus kommst du ins »Tun«. Du tust Dinge, die ein in sich ruhender Mensch, ein sich Liebe schenkender Mensch tun würde. Du tust sie aus Überzeugung, voller Demut. In deinem Tempo und deinen Werten entsprechend. Und dann wirst du »haben«. Du wirst vielleicht deine Ruhe haben, deine ganz persönliche Lösung, deine innere Freude, deinen Seelenfrieden. Aber alles beginnt mit deiner Entscheidung, einfach »sein« zu dürfen.

Ich glaube, es hat aufgehört zu regnen. Komm, lass uns weitergehen. Manchmal hilft auch ein kleiner Perspektivwechsel. Er schafft Klarheit, Verständnis und schenkt uns ein bisschen mehr Frieden im Herzen. Ehrlich gesagt, vermisse ich oft meine Familie in Indien. Und in solchen Momenten habe ich früher gedacht: »Ich bin traurig, weil ich diese Menschen vermisse.« Heute sage ich mir: »Ich bin froh, dass ich jemanden habe, den ich vermissen kann.« Klar gibt es Tage und Augenblicke, in denen die Trauer durchbricht, aber dieser kleine Wechsel in meinem Denken hat mir schon oft geholfen.

Die Welt ist so, wie du bist.

Die Welt ist nun mal so, wie du bist. Der Wald hier ist so, wie du bist. Ich will damit nicht sagen, dass du grün bist, aber hast du Liebe in dir, siehst du überall Liebe. Wenn uns gleich jemand entgegenkäme und uns fragen würde, wie dieser Wald so ist, da er zum ersten Mal hier sei, müssten wir ihn nur fragen, wie denn die Wälder sind, die

er kennt. Vielleicht würde er sagen: »Die Wälder, die ich kenne, sind eher dunkel und öde. Die Bäume wachsen krumm und schief und auf den Wegen bin ich schon des Öfteren gestolpert wegen der blöden Steine, die dort überall herumliegen.« Dann müssten wir antworten: »Tja, tut uns leid, dieser Wald ist leider ganz genauso.« Wenn uns dann eine andere Spaziergängerin entgegenkäme und dieselbe Frage stellen würde, müssten wir wieder nur fragen, wie denn die Wälder sind, die sie bereits kennt. Vielleicht würde sie sagen: »Die Wälder, in denen ich sonst spazieren gehe, sind sehr schön. Es gibt Lichtungen und kleine Bäche und die Bäume strahlen eine unglaubliche Kraft aus, die Vögel singen wunderschöne Lieder und die Wege erfordern meine besondere Achtsamkeit, da sie noch so naturbelassen sind.« Dann würden wir antworten: »Das freut uns sehr, denn dieser Wald ist ganz genauso!« Die Welt ist eben so, wie du bist. Und deswegen sind Lebenskrisen oft Wahrnehmungskrisen. Wir sehen gewisse Probleme und nehmen nur sie wahr. Dabei täuschen wir uns so leicht oder übersehen andere wichtige Aspekte.
Schließ doch mal kurz die Augen.

Ich nehme dich an die Hand und du lässt dich von mir mit geschlossenen Augen zu einem Baum führen, der nur wenige Meter von uns entfernt steht.

Streck die Hände aus – was fühlst du? Du weißt, dass du gerade einen Baumstamm anfasst. Und nun? Du weißt, dass du jetzt einen Zweig berührst. Was fühlst du als Nächstes? Nun fühlst du Blätter in deinen Händen. Alles, was du gefühlt hast, gehört zu einem Baum. Wenn du in deinem Leben aber noch nie einen Baum gesehen hättest, würdest

du ihn auf drei ganz unterschiedliche Weisen beschreiben: Du würdest vielleicht sagen, dass ein Baum etwas sehr Massives, Raues ist, das einen gewissen Durchmesser hat. Oder du würdest sagen, dass er etwas sehr Dünnes, Zerbrechliches ist. Und vielleicht würdest du auch sagen, dass ein Baum etwas sehr Kleines, Feines ist, biegsam und geschmeidig. Alle Beschreibungen wären deiner jeweiligen Wahrnehmung nach richtig. Es ergäbe nur keinen Sinn, darüber zu diskutieren, denn jede Wahrnehmung hatte ihre Berechtigung. Wenn man alle Beschreibungen zusammennähme, würde man dem, was einen Baum wirklich ausmacht, schon näher kommen.
Manchmal gewichten wir unsere Wahrnehmung auch falsch. Reich mir doch mal kurz die Hand und lass mich mit diesem Stift einen Punkt in deine Handfläche malen. Und nun schau in deine Hand, was siehst du? Einen Punkt? Klar. Warum siehst du den Punkt? Weil du dich darauf konzentrierst und er deiner Meinung nach »nicht dorthin gehört«. Das Leben hat mir beigebracht, dass sehr viele Menschen nur diese kleinen Punkte in ihrem Leben sehen. Sie sehen nicht die 99 Prozent der Handfläche ohne Punkt, die für all die Dinge stehen, die gut sind. Nein, sie sehen nur diesen einen Punkt, der für sie ein Problem darstellt. Am Ende unseres Spaziergangs wird dieser Punkt wahrscheinlich nicht mehr sichtbar sein. Auf natürliche Weise wird er verschwunden sein, vielleicht haben Freudentränen des Himmels etwas nachgeholfen. Du wirst ihn nicht weiter beachtet haben, weil du auf andere Dinge geschaut hast. Sieh meine Hand an, welche Farbe siehst du? Du siehst meine weiße Handinnenfläche? Ich sehe aber meine braune Hand. Wir haben beide recht. Wir haben einfach eine andere Sicht auf ein und dieselbe Hand. Und so ist es bei ganz vielen Dingen auf der Welt beziehungsweise im Leben.

Komm, wir gehen etwas weiter. Ich möchte dir nämlich ein Rätsel stellen, und im Gehen kann man immer besonders gut denken. Das bringt die Gedanken in Schwung.
Also, was ist das? Sehr viele Menschen wachen täglich damit auf. Und weil sie damit aufwachen, können sie jeden Tag ein Geschenk nicht öffnen, das ihnen gegeben wird. Die Menschen halten aber daran fest und geben es nicht her, auch wenn sie wissen, dass es ihnen nicht guttut. Andere wiederum versuchen es zu vergessen, was ihnen aber ebenfalls nicht so recht gelingen will …
Na? Du weißt die Lösung, oder? Es ist die Vergangenheit. Sie begleitet viele Menschen immer und überall. Und das Geschenk, das sie nicht öffnen, weil sie mit der Vergangenheit beschäftigt sind, ist natürlich die Gegenwart. Dachtest du etwa, es ist Zufall, dass das englische Wort »present« zwei Bedeutungen hat? »Gegenwart« und »Geschenk«. Wenn man das alles so hört, klingt es schon extrem merkwürdig, dass Menschen sich so verhalten, oder?

Stolpere nicht über etwas, das hinter dir liegt.

Ich glaube, jeder von uns hat schon mal in der Vergangenheit gelebt. Viele tun es jetzt gerade. Das ist so, als würden sie diesen Weg mit uns gehen, aber die ganze Zeit nach hinten schauen und dann mit voller Wucht gegen den nächsten Baum laufen.
Ich finde, wir sollten jetzt auch zurückschauen. Genau jetzt. Aber ich würde vorschlagen, dass wir dafür kurz stehen bleiben. Schau dir an, welchen Weg wir zurückgelegt haben. Schau dir die Wiese an, die

schon hinter uns liegt, schau dir die Bäume an: Manchmal scheint es, als seien ihre Silhouetten in den Himmel gemalt worden. Das alles, der Weg, die Wiese, die Bäume, das alles steht für unsere Vergangenheit. All das liegt hinter uns. Und alle Gespräche, die wir geführt haben, die vielen kleinen Augenblicke und Wahrnehmungen haben uns geprägt. Aber wir sind nicht mehr dort bei dem Baum und auch nicht mehr auf der Wiese und schon lange nicht mehr auf dem Waldweg. Alles, was wir jetzt sind, haben wir auch dem Weg zu verdanken, der hinter uns liegt. Aber die Vergangenheit ist eben: vergangen.

Was du loslässt,
kann dich nicht mehr festhalten.

Ich finde es wichtig, ab und zu stehen zu bleiben, zurückzublicken und zu sehen, welchen Weg man schon zurückgelegt hat. Es ist wichtig, stolz auf sich zu sein. Du kannst wirklich stolz auf dich sein. Nicht weil du es schon so lange neben mir aushältst, sondern weil du dir in deinem Leben immer treu geblieben bist, auch wenn es mit Sicherheit nicht immer einfach war. Weil du bist, wie du bist – nicht trotz, sondern wegen deiner Vergangenheit.
Jetzt muss ich dir aber etwas sagen, das im ersten Moment wirklich komisch klingen mag: Es gab nie eine Vergangenheit. Es gab immer nur den jetzigen Moment. Wenn wir von der Vergangenheit sprechen, von Momenten, die wir beide zum Beispiel schon gemeinsam erlebt haben, dann war es immer ein Augenblick in der Gegenwart. Erst im Nachhinein wird das Erlebte zur Vergangenheit. Ich finde diesen Gedanken wirklich wunderschön. Denn dadurch verliert das

Alles passiert

FÜR UNS.

Konstrukt einer Vergangenheit sofort seine Macht und ich komme noch mehr im Hier und Jetzt an.
Obwohl die Momente der Vergangenheit vorüber sind, wünschen sie sich viele Menschen wieder herbei. »Es darf nicht vorbei sein«, sagen mir manchmal Bekannte und Freunde. Ich will ihnen nicht wehtun, aber oft sage ich dann: »Doch, es ist vorbei.« Das ist wirklich nicht böse gemeint, sondern soll ihnen nur klarmachen, dass das Leben in der Vergangenheit oft unnötiges Leiden kreiert; ich möchte ihnen helfen zu akzeptieren. Die Menschen legen ein Bild vergangener Tage auf ein heutiges Bild und wollen die Unterschiede zwischen diesen beiden Bildern nicht wahrhaben.
Es ist okay, zu einem Punkt in der Vergangenheit zurückzureisen. Es ist okay, einen Menschen aus der Vergangenheit zu vermissen. Es ist okay, in diesen Momenten traurig zu sein und zu weinen. Aber es ist nicht okay, sich dann für ein Leiden zu entscheiden, das seine Energie aus dem nicht Wahrhabenwollen des Hier und Jetzt zieht. Deshalb wünsche ich mir auf diesem Spaziergang für dich, dass du loslässt, was hinter dir ist, damit du die schönen Dinge, die auf unserem Weg liegen, aufheben kannst. Mit vollen Händen können wir nichts aufheben. Aber keine Sorge, ich kann auch etwas für dich aufsammeln – dafür gehen wir diesen Weg ja gemeinsam.
Ich vermisse oft einen Freund, der im Studium von uns gegangen ist. Ganz plötzlich. Er hat die Entscheidung getroffen, sein Leben zu beenden. Ich habe mir so oft Vorwürfe gemacht, dass ich etwas hätte merken müssen. Und ich war sauer. Sauer auf ihn, dass er mich alleine zurückließ. Sauer auf mich, dass ich nicht gespürt hatte, was in ihm vorging. Aber das Gefühl änderte sich. Heute reise ich manchmal in unsere gemeinsame Zeit zurück. Tanze auf Uni-Partys

mit ihm auf den Tischen. Lache mit ihm. Weine mit ihm. Schweige mit ihm. Und dann komme ich wieder ganz bewusst in die Gegenwart zurück. Wenn du das tust und spürst, dass die Vergangenheit zu einem Teil von dir wurde; wenn du akzeptierst, dass alle Dinge enden, dann weicht das Leiden einer tiefen Dankbarkeit. Erst spürst du sie nur ganz leicht, doch irgendwann durchdringt sie dich so sehr, dass du nur noch Liebe fühlst. Wer trauert, sieht nur, was nicht mehr da ist, was ihm genommen wurde. Wer das Leben feiert, bejubelt alles, womit wir gesegnet sind, und verspürt große Dankbarkeit. Ich glaube fest daran, dass mein Freund einige Schritte auf diesem Weg mit uns geht. Und dass er dich mag.

Wir gehen schweigend nebeneinander her. Ich spüre, dass unser Gespräch in dir arbeitet, und lasse dich ein wenig in Ruhe. Aber dann fällt mir noch etwas Wichtiges ein, das ich unbedingt mit dir teilen möchte.

Weißt du, ich glaube, die meisten Menschen wissen wirklich nicht, was sie sich antun, wenn sie immerzu an die – unglückliche – Vergangenheit denken. Unser Körper versteht nicht, dass wir uns gewisse Dinge nur vorstellen, und reagiert darauf. Wenn ich in meine Jugend zurückreise, in der ich es oft schwer hatte, dann beginnt mein Körper sofort auf mein früheres Leiden zu reagieren. Er produziert Stresshormone, ich fühle mich nicht gut und diese Stimmung lasse ich vielleicht an anderen lieben Menschen aus – ganz zu schweigen davon, dass das Geschenk der Gegenwart wieder mal nicht geöffnet und gefeiert wird. Körperliche Symptome bringen oft eine Botschaft der Seele zum Ausdruck.

Es gab Zeiten, da habe ich einfach zu viel gemacht: zu viel gearbeitet, zu viel nachgedacht, zu viel auf einmal getan. Tagsüber schrieb ich an der Uni meine Doktorarbeit. Anschließend nahm ich in meiner Einzimmerwohnung bis spät in die Nacht meine ersten Videos auf. Ich arbeitete jeden Tag 16 bis 17 Stunden. Und das über Jahre hinweg. Morgens war ich sehr müde, aber ich redete mir ein, dass ich mehr machen müsste, um für mich irgendwie eine Perspektive zu schaffen. Ich wusste nämlich, dass ich etwas auf dem Herzen hatte, das ich unbedingt in die Welt tragen wollte. Irgendwann aber wurde es zu viel. Die Müdigkeit ließ sich nicht mehr mit Kaffee aufwiegen, ich war einfach nur kaputt.

Wer das Leben feiert,
bejubelt alles,
womit wir gesegnet sind, und
verspürt große Dankbarkeit.

Und plötzlich fielen mir die Haare aus. Erst am Kopf und dann an meinem Bart. Es war einfach nur furchtbar. Der Blick in den Spiegel war für mich unerträglich. Ich suchte viele Ärzte auf und jeder sagte mir in etwa das Gleiche: zu viel Stress, zu wenig Schlaf, man könne nichts dagegen tun. Meine Seele hatte zu meinem Körper gesagt: »Komm, zeig du es ihm.« Und wie er es mir zeigte!

Also trat ich kürzer. Ich ging weg von dem Misstrauen, dass die Zukunft schwer werden würde, hin zum Vertrauen, dass das Leben es gut mit mir meint. Ich ging weg vom »Tun« hin zum »Sein«. Und auch wenn es mir zunächst schwerfiel, konnte ich bald besser einschlafen, denn tief im Herzen wusste ich, dass alles so kommen wird, wie es kommen soll. Ich lernte zu akzeptieren. Nach vielen Monaten begannen meine Haare wieder nachzuwachsen. Scheinbar aus dem Nichts. Aber ich wusste, dass die Seele erneut zum Körper gesprochen und gesagt hatte: »Er hat es verstanden. Lass die Haare wieder wachsen.« Das hat mir die Wichtigkeit dessen, was ich dir hier vertrauensvoll sage, aufgezeigt. Es ist nicht nur ein gut gemeinter Ratschlag, sondern ich möchte wirklich nicht, dass du körperlich und seelisch leidest. Wenn wir dies begreifen, ersparen wir uns viel Kummer. Komm, wir gehen mal zu dem kleinen Bach dort drüben.

Der Bach schlängelt sich schon eine ganze Weile neben unserem Weg entlang und sein Plätschern hat etwas extrem Entspanntes und Friedliches an sich. Zwei kecke Amseln, die sich an seinem Ufer um einen Regenwurm gestritten haben, flattern erschrocken davon. Ich bücke mich, hebe einen Stein auf und schmeiße ihn ins Wasser.

Was siehst du? Okay, das war jetzt keine schwierige Frage. Der Stein geht unter. Aber warum geht der Stein unter – weil er ins Wasser gefallen ist? Nein, er geht unter, weil er im Wasser dringeblieben ist. Zugegeben, Steine sind nicht die besten Schwimmer, aber Menschen verhalten sich oft genauso, auch wenn es ihnen möglich wäre zu schwimmen – oft sind sie bloß zu träge etwas zu tun Wir können hin und wieder in die Vergangenheit fallen. Aber wir dürfen nicht »drinbleiben«. Sonst gehen wir auch unter. Warte, ich hole den Stein wieder aus dem Wasser, er kann ja nichts dafür, dass er nicht schwimmen kann. Hier, steck ihn ruhig ein.

Ich trockne den Stein an meiner Jacke ab, gebe ihn dir und du steckst ihn in deine Hosentasche.

Lass uns hier noch ein wenig verweilen, ich liebe dieses leise Plätschern. Das Fließen des Wassers erinnert mich daran, dass es manchmal nicht darum geht, mit dem Strom oder gegen den Strom zu schwimmen, sondern darum, einfach mal am Rand zu stehen und das Plätschern zu genießen, so wie wir es gerade tun.

Wenn du glücklich sein willst,
musst du das Unglücklichsein loslassen
und nicht mehr an ihm hängen.

Wenn ich eben nicht den Stein in den Bach geworfen hätte, sondern ein kleines Stöckchen, dann wäre es nicht untergegangen. Du merkst schon, dass ich Ingenieurswesen studiert habe, oder? Das Gewicht des Steins hat ihn nach unten gezogen. Wir Menschen lassen uns auch oft nach unten ziehen. Von Dingen im Außen, von Sorgen und Selbstzweifeln, von anderen Menschen, von Schreckensmeldungen, von unserer Vergangenheit ... Aber das Schöne ist, dass wir das Gewicht dieser Dinge loslassen können. Und was wir loslassen, kann uns nicht mehr runterziehen.

Der Rassismus, den ich im Alltag oft erlebt habe und teilweise immer noch erlebe, hat mich viele, viele Jahre runtergezogen. Ich habe irgendwann angefangen zu glauben, dass mit mir etwas nicht stimmt. Ich erinnere mich an einen Abend, an dem ich mit meinen Freunden ausgehen wollte. Wir hatten uns zurechtgemacht und

freuten uns aufs Tanzen. Ich will es kurz machen: Wir kamen in keine Diskothek rein. Ich glaube, die Ausrede der Türsteher lautete, dass wir – wieder mal – die falschen Schuhe anhätten. Weil wir darauf schon vorbereitet waren, hatten wir einen kompletten Schuhladen im Kofferraum parat. Aber die Leute an der Tür blieben hart. Schien wohl doch nicht an den Schuhen gelegen zu haben ... An diesem Abend versuchten wir es bei fünf Diskotheken. Nach Stunden der Warterei und des Hin- und Herfahrens gingen wir frustriert, wütend und traurig nach Hause.
Ich erzähle dir diese Geschichte nicht, um dein Mitleid zu erregen, sondern weil ich dir sagen möchte, dass mich diese Ungerechtigkeit runtergezogen hat. Und dass ich sie lange nicht loslassen konnte. Ich betrachtete mich als das Problem: meine Hautfarbe, meine Herkunft. Also nicht das Ruhrgebiet, sondern die Herkunft meiner Eltern, die mir deutlich anzusehen ist. Bis ich irgendwann verstand, dass ich das Problem anderer Menschen nicht zu meinem Problem machen sollte. Ich war nicht das Problem. Ich bin Teil der Lösung. Den damaligen Frust, die Wut und die Trauer habe ich losgelassen und transformiert. Und nun nutze ich diese Energie für mich und für die Menschen, die ich inspirieren möchte.

Ich hebe ein vom Baum gefallenes Blatt auf und zeige es dir.

Schau dir dieses Blatt an. Der Baum hat es scheinbar friedlich und ohne große Emotionen losgelassen. So funktioniert die Natur. Loslassen, Aufblühen, Loslassen und wieder aufblühen, wenn die Zeit gekommen ist. Was dem Baum scheinbar so leichtfällt, fällt uns Menschen umso schwerer.

Ich glaube, viele Menschen halten lieber an etwas fest, als loszulassen. Sie halten an einer Erinnerung, einem bestimmten Moment, einem ganz bestimmten Menschen fest, obwohl sie spüren, ganz tief in ihrem Herzen, dass es besser wäre, loszulassen. Aber vielleicht ist es ja auch so, dass diese Erinnerung, dieser bestimmte Moment, dieser ganz bestimmte Mensch sie festhält und nicht andersherum? Ich habe das selbst einmal in einer Beziehung erlebt, aus der ich mich lange Zeit nicht lösen konnte. Irgendwann wurde mir klar, dass es die Beziehung war, meine Partnerin, die mich nicht losließ. Ich war, ohne es zu merken, abhängig von diesem Menschen. Wie es so weit kommen konnte? Das weiß ich nicht so genau. Vielleicht war es das Gefühl, gebraucht zu werden; vielleicht hatte ich mich selbst verloren, als ich ein »Wir« fand; vielleicht hatte mir dieser Mensch zu einem Zeitpunkt mehr Liebe geschenkt als ich mir selbst. Und als ich endlich losließ, hatte ich nichts, woran ich mich festhalten konnte. Das machte es für mich so schwer. Es hat mich echt fertiggemacht, aber vielleicht gab mir das Leben damals eben das, was ich brauchte, und nicht das, was ich wollte.
Irgendwann schaust du deine Hände an, die losgelassen haben, und siehst keine leeren Hände, sondern volle Hände. Hände voller neuer Möglichkeiten. Hände voller neuer Chancen. Neue Möglichkeiten andere Menschen zu umarmen. Neue Chancen, die du nun endlich ergreifen kannst. Wenn du glücklich sein willst, musst du lernen zu akzeptieren, das Unglücklichsein loslassen und nicht mehr an ihm hängen. Manchmal nährt sich das Unglücklichsein von Erinnerungen. Warum verursachen manche Erinnerungen emotionale Schmerzen? Weil du sie in die Gegenwart holst. Mach dir in einem solchen Fall einfach klar, dass sie nicht jetzt sind. Sage dir: »Das ist

ein alter Film. Der ist vorbei.« Sei einfach im Hier und Jetzt. Das Jetzt ist der Raum, in dem etwas geschieht. Wenn ich nicht nach diesen Worten lebe, kann es vorkommen, dass ich nicht merke, wie ich wieder einen alten Film anschaue, obwohl ich eigentlich weiß, dass er mir nicht gefällt und mir nicht guttut. Und dann, scheinbar ganz plötzlich und ohne Vorwarnung, schaue ich den Film nicht mehr nur von außen an, sondern spiele selbst eine tragische Rolle in ihm.

Enttäuschung bedeutet, dass die Täuschung weg ist und du nun klar sehen kannst.

Gib mir doch mal deine Hand und lass mich sie kurz ein bisschen ... mmhh ... drrrücken. Komm, stell dich nicht so an, ist doch nur ein kleiner Schmerz. So, jetzt ist er schon wieder vorbei. Es macht keinen Sinn, so zu leben, als sei er immer noch da. Du bist nicht dein Schmerz. Erkenne ihn als das an, was er ist: vergangener Schmerz.

Tu mir und vor allem dir einen Gefallen: Vertraue dem Leben und genieße das Loslassen. Das ist wichtig. Warte nicht darauf, dass du durch das Tor des Loslassen-Himmels schreitest. Genieße sogar jeden Versuch, der scheitert, und fordere das Loslassen dann nochmals spielerisch heraus. Dieses Spiel ist erst dann zu Ende, wenn du es für beendet erklärst.

Solange wir leben, können wir daran wachsen. Jede Enttäuschung wirft einen neuen Ball in dieses Spiel, der uns eine weitere Chance gibt, es zu gewinnen. Ganz ehrlich, früher haben mich Enttäuschungen sehr traurig gemacht. Es ist nicht so, dass ich heute bei einer Enttäuschung glücklich und nackig in diesen Bach springen würde, aber ich habe verstanden, dass Enttäuschungen eigentlich etwas Gutes sind. Es sind eben »Ent-Täuschungen«: Es gab eine Täuschung und die ist nun weg. Ich habe mich in einem Menschen getäuscht. Und? Nun habe ich Klarheit, nun weiß ich, woran ich bin. Manchmal schreibe ich auf einen Zettel, worin ich mich getäuscht habe und was ich nun bereit bin loszulassen, damit ich es noch mehr verinnerliche. Und dann verbrenne ich ihn – also den Zettel, nicht den Menschen! Wenn du enttäuscht bist, sprich es am besten schnell aus. Denn wenn du deine wahren Gefühle zu lange nach innen kehrst, wird aus dem kleinen Bach der Enttäuschung ein Fluss großer, mitreißender Emotionen, der irgendwann so wild wird, dass du ihn nicht mehr in Schach halten kannst.

Danke, dass ich
auf unserem Spaziergang
einfach so sein darf,
wie ich bin.

Ich war vor einigen Jahren in Kerala, und mein Vater lud einige Mitglieder unserer Familie zu uns ein. Ich liebte diese Treffen, denn auch wenn die Menschen mir teilweise wie Fremde vorkamen, hatte ich irgendwie das Gefühl, »zu Hause« zu sein. Auch drei meiner Cousinen, drei Schwestern, waren dabei. Leider konnten wir an dem Abend nicht viel miteinander sprechen, da wir beim Essen weit voneinander entfernt saßen. Als sich der Abend dem Ende zuneigte,

fragte ich sie, ob wir noch gemeinsam in die Stadt gehen wollten. Ich schlug ihnen vor, Eis zu essen und anschließend ins Kino zu gehen. Natürlich würde ich sie einladen. Ihre Antwort habe ich bis heute nicht vergessen. Sie sagten sinngemäß: »Nein, keine Lust auf so was, aber das Geld, das du dafür ausgegeben hättest, kannst du uns ruhig bar geben.« Ich war sprachlos. Im wahrsten Sinne des Wortes. Ich glaube, ich habe nichts geantwortet und mich enttäuscht auf mein Bett gesetzt. Das waren doch meine Cousinen, meine Familie! Ich dachte, dass sie mich bedingungslos lieben würden. Ich dachte, ich sei dort »zu Hause«. Tja, nun hatte ich Klarheit, die zunächst wehtat. Aber da ich »ent-täuscht« war, konnte ich mich danach besser dem Geschenk der Gegenwart zuwenden. Und ich habe Familie gefunden. Hier in Deutschland, bei Menschen, die mir zunächst fremd waren. Zu Hause bin ich nun überall, wo mein Herz höherschlägt ...
Allmählich neigt sich dieser wunderschöne Morgen dem Ende zu, und ich habe noch zwei Dinge auf dem Herzen, Zum einen möchte ich dir danken. Dafür, dass ich auf unserem Weg einfach so sein darf, wie ich bin. Das ist nicht selbstverständlich.
Außerdem möchte ich dir einen Zettel schenken. Darauf habe ich einen Satz geschrieben, der mir in vielerlei Hinsicht die Augen geöffnet hat. Als ich ihn das erste Mal las, habe ich ihn nicht direkt verstanden, ja, anfangs mochte ich den Satz überhaupt nicht und hatte keine Lust, ihn noch mal zu lesen oder mich an ihn zu erinnern. Aber es kam der Moment, da verstand ich die Magie dieses einen, kleinen Satzes. Und ich wünsche mir, dass er sich auch auf dein Leben magisch auswirkt.
Hab diesen Zettel am besten immer bei dir. Lies den Satz in schlechten Momenten. Lies den Satz in guten Momenten. Lies den Satz in

traurigen Augenblicken. Lies den Satz in glücklichen Augenblicken. Lies den Satz, wenn du weinst. Lies den Satz, wenn du lachst. Er lautet: *»Auch das geht vorbei.«*

Dieser Satz ist so etwas wie das Mantra der Akzeptanz. »Auch das geht vorbei.« Er hilft uns, anzunehmen, was ist. Er hilft uns, unsere Ahnungslosigkeit anzunehmen, und er hilft uns, loszulassen. Er hat mich in Trauer und in Freude begleitet. Und er macht mir täglich klar, dass wir uns nur selbst schaden, wenn wir an der Vergangenheit oder an Enttäuschungen festhalten. Lass uns lieber dem Leben vertrauen und das Geschenk der Gegenwart feiern!

2

UND JETZT DU …

- Was möchtest du loslassen? Trage es in die Blätter ein.
- Was wäre, wenn du diese Dinge nicht loslässt?
- Wie würde es sich anfühlen, wenn du es tun würdest?

EIN PAAR SCHRITTE AUF DEM EIGENEN WEG

Inzwischen ist die Sonne wieder zum Vorschein gekommen, wir genießen die Wärme ihrer Strahlen. Vogelgezwitscher ist zu hören, jeder einzelne Vogel singt mit und so entsteht eine unvergleichliche Melodie, die sich über uns und den Wald legt.

Was für ein wunderschöner Mittag, der uns empfängt; ich glaube, er will uns irgendwie mitteilen: »Genießt mich.« Viele Menschen sprechen von einem »Mittagstief«, das sie haben. Aber nach dem erfrischenden Morgen und unserem wunderbaren Gespräch fühle ich eher ein »Mittagshoch«, das uns beide weiterträgt. Ich habe Lust,

noch so viele Dinge mit dir zu entdecken. Du weißt ja: Decke hoch und schauen, was da drunter so herumliegt. Wir machen jetzt gemeinsam diesen Spaziergang und ich genieße jede Minute mit dir. Doch unsere eigentliche Aufgabe im Leben ist es, unseren »eigenen Weg« zu gehen. Lass uns deshalb einmal schauen, was mit dieser Formulierung gemeint ist. Was bedeutet »eigener Weg«, welche Herausforderungen birgt er und wieso fällt es uns so oft so schwer, unseren eigenen Weg zu finden und konsequent zu gehen?
Ein Problem sind dabei sicherlich die vielen Vorstellungen, die wir davon haben, wie Dinge sein sollten. Wie diese Vorstellungen in unseren Kopf gelangen? Durch die Schule, die Erziehung, Filme, Freunde, Fernsehen, Social Media und so weiter und so fort. All das wirkt auf uns ein, und zwar oft ohne dass wir es merken.
Wenn du deinen eigenen Weg gehen willst, musst du dich von der Vorstellung lösen, wie Wege auszusehen haben, denn niemand außer dir – auch nicht die Menschen, die du am meisten liebst – geht deinen Weg. Du gehst jeden Weg mit dir selbst. Auch jetzt. Denke daran, selbst wenn deine liebsten Menschen zu dir sagen: »Ich weiß, was du denkst« oder »Ich weiß, was du fühlst«, werden sie es nie zu hundert Prozent wissen oder fühlen. Das soll dir nicht das Gefühl geben, dass du mit deinen Gefühlen und Gedanken alleine bist, aber es soll dich daran erinnern, dass du für dich selbst entscheiden musst, welche Schritte du jeden Tag machst und wer und was dich dabei umgeben soll.
Ich weiß, wovon ich spreche, denn ich selbst bin in meinem Leben lange den Weg anderer Menschen gegangen. Ohne es zu merken. Einfach weil ich dachte, dass das Leben so ist. Dass es sich eben so anfühlt, wenn man aufsteht und zur Arbeit gehen muss. Dass es

überhaupt »die Arbeit« und »das Leben« gibt ... Lange Zeit habe ich das nicht infrage gestellt. Aber es gibt diverse Dinge, die uns dabei helfen, unseren eigenen Weg zu finden und ihn dann zu gehen.
Ein wichtiger Aspekt ist unser Umgang mit der Zeit. Ganz wichtig: Zeit *haben* wir nicht, Zeit *nehmen* wir uns. Wenn du denkst, dass du keine Zeit hast, dann nimm dir bitte doppelt so viel Zeit. Ich habe mir früher sehr wenig Zeit für mich genommen. Ich war der festen Überzeugung, dass ich die Zeit für andere Menschen nutzen muss, dass ich für andere da sein muss. Bis ich verstand, dass, wenn ich mir nicht zuerst Zeit für mich selbst nehme, ich den Leuten um mich herum zwar Zeit schenke, aber nicht mit der gesündesten Version meiner selbst. Und das haben weder sie noch ich verdient.

Die falsche Entscheidung gibt es nicht.

Wenn du jemandem Zeit schenken willst, dann sollte es doch das schönste Geschenk sein, das du in dem Moment machen kannst. Und bevor du Zeit verschenken kannst, musst du sie dir nehmen. Für dich. Für das, was wichtig ist. Für das, was du fühlst. Für das, was du dir wünschst. Dann wird das Geschenk wunderschön werden. Ich weiß das, weil du mir dieses Geschenk gerade machst.
Früher habe ich mir morgens nie wirklich Zeit für mich genommen. Mein Wecker klingelte und ich fing schon im Bett an, Nachrichten zu lesen und E-Mails zu checken. Wenn jemand mit dreckigen Schuhen in mein Schlafzimmer gelaufen wäre, hätte ich das wohl nicht so toll gefunden, aber allen Nachrichten erlaubte ich es, ungefiltert in mir

Platz zu finden und »mit dreckigen Schuhen« in meinen Kopf und mein Herz einzutreten. Dann stolperte ich ins Bad und dachte beim Zähneputzen an den Stau, der vermutlich auf mich warten würde. Im Auto hörte ich nochmals Nachrichten, um sicherzustellen, dass ich auch wirklich keine Schreckensmeldung verpasste. Mit diesen inneren Bildern stieg ich aus und versuchte, den Tag zu meinem Tag zu machen. Schwierig. Damals war ich bestrebt, vom ersten Augenblick des Tages an zu funktionieren. Für andere, für meine Freunde und meine Familie, für die Welt – ja, für wen eigentlich?
Heute ist es anders. Die ersten Momente des Tages gehören mir. Ich tauche ein in eine tiefe Dankbarkeit. Allein die Tatsache, dass ich einen neuen Tag geschenkt bekommen habe, löst in mir ein kleines Freudenfest aus. Nach dem Aufstehen knie ich als Erstes nieder, um so etwas zu verweilen und tiefer in diese pure Dankbarkeit zu gehen. So nehme ich mein erstes Bad. Ich bade nicht meinen Körper, sondern ich bade in einem tiefgreifenden Vertrauen – in mich, in das Leben, in die Dinge, die mir an diesem Tag widerfahren werden. Ich halte meinen Geist und mein Herz rein und lasse nur geladene Gäste eintreten, die mit meiner Seele umgehen, als wäre es ihre eigene. Natürlich spüre ich auch heute noch Gegenwind auf meinem Weg. Dieses kleine Morgenritual kann das nicht verhindern, aber es hilft mir, meine Segel ein wenig anders zu setzen.

Wir kommen an eine Weggabelung. Zwei Wege liegen vor uns. Ein Weg führt nach links in den Wald, ein Weg nach rechts in den Wald. Auf den ersten Blick ähneln sich beide Wege. Jetzt müssen wir uns für einen von ihnen entscheiden. Du triffst intuitiv eine Entscheidung und wir schlagen diesen Weg ein.

Okay, lass uns diesen Weg gehen, den du gewählt hast. Eine gute Entscheidung. Wie oft musstest du dich im Leben schon für einen Weg entscheiden? Wenn ich dich sehe, dann sehe ich ganz viele Entscheidungen, die du getroffen hast. Jede von ihnen hat dich weitergebracht auf deinem Weg. Und wenn du mich siehst, dann siehst du auch ganz viele Entscheidungen, die ich getroffen habe. Mein Körper spiegelt einige Entscheidungen für oder gegen bestimmte Lebensmittel wider. Meine Frisur war eine Entscheidung, die Klamotten, die ich trage, und die Tatsache, dass wir hier beisammen sind, spiegelt die Entscheidung für unseren gemeinsamen Spaziergang wider.
Es gibt tatsächlich Menschen, die denken, sie könnten sich vor Entscheidungen drücken. Sie glauben das wirklich. Aber eine Entscheidung nicht zu treffen, bedeutet, die Entscheidung getroffen zu haben, sich nicht zu entscheiden. Das Nicht-Entscheiden ist also auch eine Entscheidung. Hättest du dich gerade nicht für einen Weg entschieden, dann hättest du für uns die Entscheidung getroffen stehen zu bleiben, was, ich sag es mal so, nicht so spannend geworden wäre. Aber ich stehe auch gerne mit dir herum, keine Sorge.
Ich habe mich im Leben oft dafür entschieden, stehen zu bleiben. Aus Angst, die falsche Entscheidung zu treffen. Aber die falsche Entscheidung gibt es nicht. Denn du weißt nie, wie der andere Weg ausgesehen hätte, der zur Wahl stand. In unseren Köpfen meinen wir oft, er sei besser als der Weg, für den wir uns entschieden haben. Aber die Realität sieht oft anders aus oder besser gesagt: Wir haben keine Ahnung, was auf dem anderen Weg passiert wäre. Und das ist auch gut so. Hättest du dich eben für den anderen Weg entschieden, vielleicht wäre ich umgeknickt? Vielleicht wäre ich gestürzt? Vielleicht wäre ich beim Sturz auf einen Schatz geknallt? Vielleicht

hätte ich den Sturz aber nicht überlebt? Wir wissen es nicht, weswegen es am sinnvollsten ist, sich dem Weg, den wir gewählt haben, vertrauensvoll hinzugeben.
Und auch wenn es sich für dich komisch anhören mag: Mittlerweile habe ich fast gar keine Angst mehr vor falschen Entscheidungen. Ja, ich heiße sogenannte falsche Entscheidungen sogar willkommen, weil ich weiß, dass sie mich im schlimmsten Fall dazu bringen, einen Fehler zu erkennen. Dieser Fehler wird für mich zu einer Erfahrung. Und aufgrund dieser Erfahrung werde ich mich beim nächsten Mal »besser« entscheiden. Alles passiert für uns ...

Egal, wie dunkel es zu sein scheint,
die Sonne ist immer da.

Aber ich weiß, dass es manchmal echt schwer ist, jede Entscheidung als etwas anzunehmen, das uns weiterbringt. Ich erinnere mich an eine Veranstaltung, auf der ich mal als Student gearbeitet habe. Ich sollte Stühle aufstellen und anschließend wieder abbauen. Und während der Veranstaltung sollte ich so ziemlich alles machen, was den Gästen den Abend verschönern konnte. Es wurde ein sehr langer Abend. Schon während der Veranstaltung fühlte ich mich irgendwie nicht so richtig gut. Ich dachte aber, dass das an den circa 65 000 Stühlen läge, die ich tragen musste. Okay, ganz so viele waren es nicht, aber so fühlte es sich für mich zumindest an. Nachts fiel ich total erschöpft ins Bett.
Als am nächsten Morgen mein Wecker klingelte, schaute ich ihn an und ... nichts. Es gelang mir nicht, den Arm zu heben, um den

Wecker auszustellen. Mich überkam leichte Panik, denn eine so große Erschöpfung, die verhinderte, dass ich meinen Arm heben konnte, hatte ich noch nie erlebt. Irgendwann schaffte ich es dann doch, aufzustehen und zum Arzt zu gehen, der mir weismachen wollte, dass es eine Bronchitis war. Ich wusste sofort, dass das nicht stimmen konnte, wollte ihm aber einfach glauben. Zur Sicherheit rief ich meine Eltern an und fragte, ob ich bei ihnen übernachten könnte. Ich wollte nicht alleine sein. In dieser Nacht wurde ich von schlimmen Kreislaufproblemen geweckt. Ich erinnere mich noch, dass ich in Richtung des Schlafzimmers meiner Eltern torkelte, und danach weiß ich nichts mehr. Mir wurde später gesagt, dass ich umfiel, mit meinem Kopf gegen einen Schrank geprallt bin und zehn Minuten nicht ansprechbar war. Meine arme Mama. Ich glaube, das waren die längsten zehn Minuten ihres Lebens. Irgendwann wachte ich friedlich auf. Und mit friedlich meine ich: mit einem tiefen Frieden im Herzen. Ich wurde dann ins Krankenhaus gebracht, man diagnostizierte die Schweinegrippe und nach ein paar Tagen durfte ich wieder nach Hause gehen.

Ich habe keine Ahnung, was geschah, als ich mein Bewusstsein verlor, aber ich weiß noch genau, dass da ein ganz helles, weißes Licht war. Ich habe schon oft von Leuten gehört, die so etwas erlebt haben, und war mir bis zu jenem Tag nie sicher, was ich von ihren Erzählungen halten sollte. Manchmal glaube ich, dass ich so etwas wie eine Nahtoderfahrung hatte. Manchmal sage ich mir aber auch, dass es wohl doch etwas anderes war. Aber was auch immer es gewesen ist: Diese Erfahrung hat mir die Angst vorm Tod genommen. Ich kann es nicht anders beschreiben, als ich es jetzt gerade tue. Es war merkwürdig, vielleicht ein wenig unheimlich – aber etwas Entscheiden-

des hat sich verändert: Seit diesem Tag habe ich keine Angst mehr vor dem Tod. Zumindest nicht vor meinem eigenen.
Meine Eltern und einige Freunde meinten damals, dass es wohl besser gewesen wäre, wenn ich nicht auf der Veranstaltung gearbeitet hätte. Aber ich würde es jederzeit wieder tun. Ich würde jederzeit wieder in Kauf nehmen, am nächsten Tag den Wecker nicht ausstellen zu können. Denn die Entscheidung, dorthin zu gehen, hat mir eine große Angst genommen, die ich bis dahin immer in mir trug. Es war eine gute Entscheidung. Es war die richtige Entscheidung. Beim nächsten Mal würde ich allerdings meinem Rücken zuliebe nicht mehr drei Stühle auf einmal schleppen, sondern nach und nach jeden Stuhl einzeln.

Die Fußspuren, die du hinterlässt, weisen vielen Menschen den Weg.

Es gibt Momente, da zweifeln wir an unserem Weg oder wollen einen Weg nicht mehr weitergehen. In diesen Momenten frage ich mich immer: »Warum gehe ich diesen Weg?«. Erinnere dich immer daran, warum du einen Weg gehst. Nicht wie du ihn gehst und auch nicht, was du alles auf deiner To-do-Liste für diesen Weg stehen hast, ist entscheidend, sondern, warum du ihn gehst. Dein »Wie« beschreibt vielleicht, wie schnell oder langsam du einen Weg gehst, dein »Was« sind vielleicht die Schuhe, die du dabei trägst, aber dein »Warum« ist dein Herz, das du auf diesem Weg spürst. Und wenn es auf deinem Weg nicht höherschlägt, dann sind dein Tempo oder dein Schuhwerk nebensächlich. Wenn du auf deinem Weg nicht die meiste Zeit

lächelst, wenn du nicht die meiste Zeit glücklich bist, dann stimmt etwas nicht. Glück ist die Freude, die du empfindest, wenn du nach deinem Potenzial strebst, nach dem, was in dir liegt.
Schau mal, der Pfad hier! Komm, wir laufen ihn entlang.

Von unserem Weg geht ein kleiner, unscheinbarer Pfad ab und windet sich verheißungsvoll durchs Unterholz. Wir laufen vorsichtig, fast zaghaft über dieses kleine Stück Natur. Es scheint, als hätte noch nie zuvor ein Mensch diesen Pfad betreten.

Lass uns wieder zurücklaufen. Und noch mal hin. Komm schon, und noch mal zurück. Und noch mal drüber ...

Wir laufen diesen kleinen Pfad einige Male hin und her, unseren Blick auf den Boden gerichtet, damit wir nicht stolpern.

So, jetzt hast du hier deine Fußspuren hinterlassen. Fühlt sich gut an, oder? Gemeinsam haben wir dafür gesorgt, dass sich der Trampelpfad unter uns langsam gefestigt hat. Die Fußspuren, die du hinterlässt, weisen vielen Menschen den Weg. Ich finde es sehr wichtig, dass möglichst viele Menschen ihre Fußspuren hinterlassen. Sei es durch einen schönen Garten, die liebevolle Erziehung ihrer Kinder, ein Lied, das sie gesungen haben, oder durch einen erfüllenden Beruf. Das ist wirklich wichtig. Du bist wirklich wichtig. Dein Weg ist ... na, rate mal? Genau: wirklich wichtig.
Das schlimmste Übel, an dem die Welt leidet, ist nämlich nicht die Stärke der sogenannten »Bösen«, sondern die Schwäche der Guten. Daher ist es umso wichtiger, dass du deinen Weg gehst. Viele Men-

schen würden diese Worte als Bürde empfinden, aber bleib gelassen und denke einfach daran: ein Schritt nach dem anderen. Dein Weg sollte nicht anstrengend sein, sondern sich nach Heimat anfühlen. Jeder Schritt sollte eben ein kleines »Adventure« sein, also eine kleine Ankunft in sich tragen.

Nicht deine Anstrengung, sondern deine Hingabe entscheidet über den Erfolg auf deinem Weg. Werde gut im Kleinen und widme dich dann größeren Aufgaben. Wenn wir irgendwann auf unseren Weg zurückblicken, werden wir nicht an den Weg als solchen denken, sondern uns an bestimmte Momente und Augenblicke erinnern, die uns berührt haben. Und wenn wir das jetzt schon wissen, dann sollten wir bewusst anfangen, Erfahrungen zu machen, die uns berühren oder zumindest die Kraft haben, uns berühren zu können.

Ich habe mal ein Jahr in einem Altersheim gearbeitet. Zuvor hatte ich davor großen Respekt, weil ich wusste, dass ich viele emotionale Erfahrungen machen würde und mich mit dem Tod auseinandersetzen müsste, vor dem ich damals noch Angst hatte. Diese Erfahrungen, die Geschichten der alten Menschen, das Abschiednehmen von denen, die mir ans Herz gewachsen waren, haben mich so sehr berührt. Und die Worte und den Frieden, den sie mir mitgaben, habe ich zu unserem Spaziergang heute mitgebracht.

Frau Rosenheim werde ich niemals vergessen. Ich habe mir für jeden Bewohner und jede Bewohnerin immer ganz viel Zeit genommen und habe viele intensive Gespräche geführt. Frau Rosenheim war eine ältere Dame, die mit ihrer freundlichen Stimme und ihren wunderschönen Augen direkt in mein Herz »geschossen« ist. Wir haben jeden Tag über das Leben philosophiert. In ihren Augen sah ich aber auch Traurigkeit und ich wusste, dass sie vor allem daher rührte, dass ihre Familie sie so gut wie nie besuchte. Das tat mir von Herzen leid, sodass ich mir noch mehr Zeit für sie nahm. Ich las ihr aus Büchern vor, erzählte ihr von Indien und wir hatten viele wunderschöne Momente. Oder anders gesagt: Wir nahmen uns Zeit und machten sie zu wunderschönen Momenten.

Lass uns Erfahrungen machen,
die die Kraft haben, uns zu berühren.

Als es ihr immer schlechter ging, wusste ich, dass sie uns bald verlassen würde. Eines Tages rief der Arzt ihre Verwandten an, damit sie sich verabschieden konnten. Normalerweise durfte außer den Familienangehörigen niemand im Zimmer sein, aber es war ihr ausdrücklicher Wunsch, dass auch ich dabei wäre. Ihre Enkel sah ich zum ersten Mal, als sie an diesem Tag das Zimmer betraten. Einer von ihnen nahm während ihrer letzten Atemzüge ihre Hand. Was dann passierte, trage ich bis heute in meinem Herzen. Sie nahm ihre Hand aus der Hand des Enkels und legte sie ganz ruhig in meine. Dann schlief sie friedlich ein. Boah, mir kommen noch heute die Tränen, wenn ich davon erzähle.
Damals, nachdem wir alle unsere Tränen weggewischt hatten, regten sich in mir unterschiedliche Gefühle. Ich konnte einfach nicht verstehen, warum vorher niemand gekommen war, um Zeit mit der Urgroßmutter, Großmutter oder Mutter zu verbringen. Ich weiß noch, dass ich den Enkel einige Monate später zufällig traf, er mir weinend um den Hals fiel und unter Tränen sagte: »Danke, dass du immer für Oma da warst.« Ich hatte meinen Frieden gemacht und

GLÜCK IST

DIE FREUDE,

die du empfindest,

wenn du nach

DEINEM POTENZIAL

strebst.

Frau Rosenheim auch. Da bin ich mir sicher. Das war eine Erfahrung, die mir den Atem geraubt hat, und ich habe unmittelbar erfahren, dass es das Leben ist, das uns am Ende den Atem rauben wird. Das wird dann unsere letzte Erfahrung sein.
Uff, das hat gesessen, oder? Apropos, ich schlage vor, dass wir uns mal kurz auf den Ast des Baumes dort setzen.

Einige Meter von uns entfernt steht ein prächtiger großer Baum. Ein besonders großer Ast reicht so tief zum Boden herab, dass man meinen könnte, die Natur wolle uns einen wunderschönen Sitzplatz bieten.

Warte, setz dich bitte noch nicht. Ich setze mich alleine auf den Ast. Oder Moment, wenn uns jemand dabei beobachten würde, könnte er denken: »Was ist das denn für ein egoistischer Typ, dass er sich einfach alleine auf den Ast setzt?!« Setz du dich lieber auf den Ast, ich bleibe stehen. Obwohl, warte, derselbe Typ wird dann wohl denken: »Na toll, wie gemein! Lässt du den armen dunklen Mann einfach so stehen.« Lass uns ... lass uns am besten beide auf dem Ast Platz nehmen. Hmm, nee, dann wird derjenige sicherlich denken: »Der arme Ast bricht unter dem Gewicht der beiden bestimmt ab!« Lass uns lieber beide stehen bleiben und die Aussicht genießen. Oder nee, warte, dann denkt derjenige wahrscheinlich: »So ein schöner Ast an so einem schönen Ort und die beiden setzen sich nicht hin und genießen die Aussicht. Wie schade!«
Du siehst, was wir auch machen würden, es wird immer jemanden geben, der uns nicht verstehen kann oder will. Vielleicht hilft dir dieser Gedanke dabei, deinem Weg treu zu bleiben und

dich nicht von den Meinungen und Ansichten anderer beirren zu lassen. Und – was machen wir jetzt mit dem Ast? Willst du? Soll ich? Komm, wir setzen uns beide hin. Denn auch das ist so wichtig: sich auf seinem Weg auszuruhen.
Ich hatte früher wirklich Probleme damit, ich bekam immer ein schlechtes Gewissen, wenn ich nichts tat. Deshalb habe ich mich, wie ich dir heute Morgen ja schon erzählt habe, immer wieder überanstrengt. Vielleicht kennst du dieses Gefühl auch. Ich weiß nicht, woran es lag, dass ich so fühlte, aber als Kind habe ich oft aufgezeigt bekommen, dass es wichtig ist, sich anzustrengen, und dass vor allem Leistung zählt. Für Leistung gab es Anerkennung und Lob und Süßigkeiten und irgendwie fühlte sich das alles wie Liebe an. Und ehe man sich's versieht, strebt man nach Zahlen, um mehr von dieser »Liebe« zu kriegen: nach der Zahl auf dem Zeugnis, der Zahl auf der Waage, der Zahl auf dem Gehaltsscheck, der Anzahl der Likes in den sozialen Medien und so weiter und so fort.

Du wirst geliebt. Du musst nichts dafür tun.

Ich durfte das sehr früh erleben. Mit sechs Jahren hat mich mein Vater beim Taekwondo angemeldet. Taekwondo ist eine südkoreanische Kampfsportart. Der Grund war übrigens, dass ich im Fernsehen immer Bruce-Lee-Filme schaute und dann anfing wild um mich zu treten, sodass die ein oder andere Vase in unserem Wohnzimmer dran glauben musste. Nach einer kurzen Eingewöhnung entwickelte ich megaviel Freude an diesem Sport. Besonders schön fand ich, dass nicht nur getreten und geboxt, sondern auch meditiert wurde. Mit sechs Jahren fing ich an, meine innere Stimme zu suchen. Das war schon richtig abgefahren.

Ich wurde besser und besser und steigerte mich von Gurt zu Gurt. Im Taekwondo bekommt man bei Prüfungen als Zeichen für die sportliche Entwicklung Gurte in unterschiedlichen Farben. Das Ziel war natürlich, den schwarzen Gürtel zu kriegen, also ein »Meister in der Kampfkunst« zu werden. Ich entwickelte einen unbändigen Ehrgeiz, denn nach einigen Jahren hatte ich die Chance, jüngster Schwarzgurt-Träger meines Verbands in Deutschland zu werden. Außerdem war ich mittlerweile so gut, dass ich an nationalen und später auch an internationalen Turnieren teilnehmen durfte. Ich trainierte wortwörtlich bis zum Umfallen, war stets unzufrieden mit mir, ging sehr hart mit mir selbst ins Gericht, vernachlässigte meine Freunde und war total besessen von diesem Sport und den »Erfolgen«, die zum Greifen nah waren. Und tatsächlich, ich erreichte, was ich wollte: Ich wurde Deutscher Meister in meiner Gewichtsklasse, kämpfte für das U-18 Nationalteam und wurde auch jüngster Schwarzgurt-Träger Deutschlands.

War ich stolz auf mich? Ja. War ich glücklich? Nicht wirklich. Denn ich hatte mich und meine Liebe für den Sport verloren. Der Spaß war weg, es ging nur noch um Siegertreppen. Und nach dem Kampf war natürlich auch vor dem Kampf. Ich vermisste die Zeit, da ich einfach nur Spaß hatte, zu lernen, zu treten, zu boxen und zu meditieren. Vielleicht war das auch der Grund, weshalb ich irgendwann mit dem Taekwondo aufhörte. Aber im Herzen werde ich diesem Sport immer dankbar sein, denn er hat mich vieles gelehrt. Er brachte mich bereits in jungen Jahren dazu, meine Augen zu schließen und

auf mein Herz zu hören. Durch ihn durfte ich die Erfahrung machen, dass Leistung allein nicht zählt und dass wir unser Glück nicht in irgendwelchen Erfolgen oder Zahlen suchen sollen.
Du bist keine Zahl. Versprich mir, dass du diesen Satz nicht vergisst. Du bist keine Zahl. Und du musst nichts tun, um geliebt zu werden. Du verdienst, von Geburt an geliebt zu werden. Das war immer so. Das ist jetzt so und das wird immer so bleiben, so wahr wir hier auf dem »Ast der Erkenntnis« sitzen! Ich meine, hey, wir sind »Human Beings« und keine »Human Doings«. Und was bringt mir der schönste Weg, wenn ich mich ständig erschöpft fühle?

Wir genießen die kleine Pause auf dem Ast und lassen unsere Beine herabbaumeln. In einiger Entfernung steht ein anderer Baum. Eine Leiter lehnt an seinem Stamm.

Siehst du da hinten den kleinen Baum? Vielleicht ist er auch gar nicht so klein, aber zumindest wirkt er so aus der Entfernung. Was ich auf jeden Fall erkennen kann, ist, dass eine Leiter an seinem Stamm lehnt. Vielleicht ist in der Baumkrone ein kleines Baumhaus, wer weiß? Viele Menschen, die sich selbst noch als Zahl betrachten und von klein auf gelernt haben, dass sie ständig weitermachen müssen, etwas tun müssen, nicht aufhören sollten, klettern immer weiter auf ihrer Leiter. Denn, so wird es uns doch ständig suggeriert, das große Glück wartet irgendwo am Ende dieser Leiter. Doof nur, wenn die Leiter kein Ende hat. Und sehr doof, wenn deine Leiter nicht an der richtigen Stelle steht.
Wie oft stand ich auf einer Leiter und wunderte mich. Ich wunderte mich, warum mir das Klettern keinen Spaß machte. Ich wun-

derte mich, warum ich den Wind, der dort oben herrschte, nicht mochte. Mit anderen Worten: Es waren Momente, in denen ich den Weg anderer Menschen ging. Ohne es zu merken. Ich habe etwas studiert, das mir von meinem Naturell her gar nicht liegt. Ich bin Ingenieur. Kannst du dir das vorstellen? Ich habe neben Maschinen oder am Fließband gestanden und mich gefragt, wo ich gelandet war. Und ich glaube, der ein oder andere Professor oder Mitarbeiter in den Unternehmen, in denen ich war, hat sich das bei mir auch gefragt.

Im Studium hatte ich einen guten Freund namens Alex. Eines Abends, als ich bei ihm war und wir wahrscheinlich wieder zu viel Bier tranken, schaute ich auf seinen Nachttisch und sah dort ein Buch liegen: »Die Grundlagen der Physik«. Ich fragte ihn, was das für ein Buch sei, denn soweit ich wusste, brauchten wir das gar nicht in unseren Fächern. Seine Antwort versetzte mich in eine Art Schockstarre: »Stimmt, wir brauchen es nicht. Aber ich lese es vor dem Einschlafen, ich liebe es so sehr!« Das saß. Vermutlich nippte ich danach aus Schamgefühl schweigend an meiner leeren Flasche. Er liebte es! Er las das Buch im Bett. Einfach so. Weil er es liebte.

Mir war an diesem Abend schlagartig bewusst geworden, dass ich etwas anderes liebte. Meine Leiter lehnte also am falschen Baum. Ich musste sie zu einem anderen Baum bringen und dort weiter klettern. Zu keinem besseren oder schlechteren Baum, sondern zu *meinem* Baum. Und das ging nur dadurch, dass ich abstieg und woanders hinging. Viele Menschen, so auch ich damals, fürchten sich vor dem Absteigen, weil in diesem Moment viele Menschen Dinge sagen wie: »Warum hörst du auf?!«, »Warum gibst du auf?!«, »Kletter weiter, du bist doch schon so lange auf dieser Leiter!«

Aber wenn deine Leiter nicht am richtigen Baum steht, dann steig ab. Ich will nämlich nicht, dass du frustriert immer weiterkletterst. Ich will dich lächeln sehen auf der Leiter. Und es gibt viele Bäume, an die du deine Leiter anlehnen kannst. Nutze das Leben dafür. Du bist nie zu alt oder zu jung, um das zu tun. Wenn wir am Ende des Lebens mit unserer Leiter an unserem Baum stehen, dann haben wir alles richtig gemacht. Auch wenn wir den Baum nur für ein paar wenige Minuten genießen dürfen, werden wir lächelnd dastehen auf unserer Leiter.
Komm, wir gehen weiter. Nicht dass der Ast noch bricht. Natürlich nicht wegen dir, sondern wegen meines Gewichts. Danke noch mal, dass du dich mir so öffnest. Dieser Spaziergang macht mir unglaublich viel Spaß. Weil ich spüre, dass du unsere Gespräche und unsere gemeinsamen Momente wirklich in dein Herz lässt.

Unser Weg macht eine kleine Kurve und dahinter liegt mitten auf dem Weg ein etwa handballgroßer Stein.

Ich will nicht behaupten, dass es immer leicht ist, im Leben den richtigen Baum für die eigenen Leiter zu finden. Schau zum Beispiel diesen Stein an. Solche Steine liegen auf dem Weg von jedem Menschen. Mal überwinden wir sie mühelos, mal stolpern wir darüber und mal müssen wir stehen bleiben, um zu überlegen, wie wir daran vorbeikommen.
Es gibt Leute, die bleiben stehen und hoffen, dass der Stein von alleine verschwindet. Hm, da können sie vermutlich lange warten. Ich sage dir ganz ehrlich: Auf deinem Weg wird es immer Steine geben. Mein Lebensweg könnte auch »Steinallee« heißen. Aber das ist schon gut so. Lass uns nicht hoffen, dass wir einen Weg ohne

Steine gehen; lass uns lieber dafür sorgen, dass wir sie überwinden können. Lass uns nicht hoffen, dass alles leichter werden soll. Lass uns dafür sorgen, dass wir besser werden. Und »besser werden« bedeutet nicht, mit aller Kraft unseren Weg zu forcieren, sondern dass wir zu dem Menschen werden, dem es leichtfällt, den Stein zu beseitigen und neue Wege zu ent-decken.
Ich wollte als Jugendlicher immer Sänger werden. Aber da gab es einen dicken, fetten Stein auf meinem Weg. Der lag wahrscheinlich da, weil ich nicht dazu bestimmt war, Sänger zu werden. Letztens meine ich sogar beobachtet zu haben, dass mein Duschkopf zusammengezuckt ist, als ich morgens unter der Dusche wieder mal lauthals Michael Jackson gesungen habe. Und wie du weißt, sollten wir nicht immer fragen, »wie« ich doch noch Sänger werden könnte, sondern »warum« ich Sänger werden wollte. Das konnte ich ganz leicht beantworten: Ich wollte auf einer Bühne stehen, singen und damit Menschen inspirieren.

Manchmal müssen wir lernen
taub zu sein, um zweifelnde Stimmen
zu überhören und unseren eigenen
Weg zu gehen.

♡

Tja, und manchmal finden wir die richtige Leiter auf eher überraschende Weise. Da ich mit sehr wenig Geld aufgewachsen bin, habe ich schon früh angefangen, nebenbei zu arbeiten. So habe ich in jungen Jahren in der Spülküche eines Krankenhauses Teller gewaschen. Zuerst musste ich die Reste von den Tellern der Patienten abkratzen, dann die Teller, Gläser und Tassen vorspülen und sie schließlich durch eine riesige Spülmaschine laufen lassen. Manchmal hatte ich Glück und war für das andere Ende der Maschine eingeteilt, sodass ich das saubere Geschirr und Besteck bloß aus der Maschine holen und einsortieren musste. War das ein schlimmer Job? Anfangs schon. Ich mochte nichts daran und dachte oft an andere Jugendliche, die nicht arbeiten mussten und sich von ihrem Taschengeld tolle Sachen kaufen konnten.

Aber irgendwann – ich weiß nicht mehr genau, wann und wieso – habe ich mir gesagt, dass ich einfach das Beste daraus mache. Und plötzlich fing ich an, ganz viele Dinge zu lernen. Ich habe gelernt mit anderen Menschen zusammenzuarbeiten. Ich habe das Geld schätzen gelernt, das es mir ermöglichte, meine erste »Take That«-CD zu kaufen. Ich durfte beim Geschirreinsammeln manchmal ein paar nette Worte mit den Patienten wechseln. Und vor allem habe ich in der Spülküche getanzt! Ich habe gesungen, getanzt und meine Kollegen unterhalten. Irgendwann wollte jeder unbedingt in meiner Schicht arbeiten. Vermutlich ist damals ein kleiner Samen gekeimt, der mich zu dem geführt hat, was ich heute mache. Die Spülküche war so etwas wie meine erste Bühne, die erste Stufe auf der für mich richtigen Leiter.

Heute stehe ich auf einer Bühne und darf Menschen inspirieren. Heute bin ich »professioneller Spaziergänger« und darf dich inspirieren. Mein »Warum« hat sich also nicht verändert, sondern nur eine neue Form angenommen. Vielleicht wollen uns die Steine auf dem Weg manchmal zuflüstern: »Gib deinen Träumen eine neue Form, anstatt ihnen hinterherzutrauern.« Schau jetzt bitte nur nicht die ganze Zeit auf den Boden, um einen Stein zu suchen. Wie sagte meine Mutter immer: »Kopf hoch, sonst kannst du den schönen Himmel nicht sehen…«

Wir gehen weiter und genießen die Sonne, die durch die Baumkronen hindurchblitzt. Irgendwie haben wir beide ein Lächeln auf den Lippen. Es ist, als würden verschiedene Teile unseres Gesprächs nach und nach von unserem Verstand in unser Herz »plumpsen«.

Wo ich gerade meine Mama erwähnt habe, fällt mir eine schöne Geschichte ein, die sie mir mal erzählt hat: Einst fand in ihrem Heimatdorf in Indien ein Wettlauf statt. Das Ziel lag auf einem sehr, sehr steilen Berg. Der Weg war voller Steine und die Kinder, die an dem Wettlauf teilnahmen, liefen wie üblich barfuß. Erschwerend kam hinzu, dass mehr als 45 Grad herrschten und die schwüle Hitze schon beim Stehen unerträglich war.
Im Dorf meiner Mutter gab es nicht viel Arbeit und so kam es, dass viele Menschen dem Wettlauf zuschauten. Sie standen am Rand der Strecke verteilt, als der Startschuss fiel. Die Kinder liefen los und schon nach wenigen Metern war klar, dass es fast unmöglich war, unter diesen Bedingungen das Ziel zu erreichen. Von außen riefen die Menschen: »Das schaffen sie niemals« Und tatsächlich: Immer mehr Kinder brachen ab, immer weniger versuchten, mit größter Anstrengung, den unwegsamen Berg hochzulaufen. »Gebt lieber auf!« »Ihr werdet noch tot umfallen!« Die Rufe der Menschen rissen nicht ab und bis auf ein einziges Kind gaben alle Kinder irgendwann völlig erschöpft auf. Dieses eine Kind lief mit schmerzverzerrtem Gesicht weiter. »Bleib lieber stehen!« »Du wirst das Ziel niemals erreichen!« Doch das Kind

lief und lief. Es strauchelte, es atmete schwer, aber schließlich erreichte es schweißgebadet das Ziel. Die Menschen im Dorf wunderten sich, wie das möglich war. Sie fragten das Kind: »Wie hast du das geschafft?«, »Wie konntest du einfach immer weiterlaufen?«, »Hast du nie daran gedacht, aufzugeben?!« Sie redeten und fragten – bis sie irgendwann merkten, dass das Kind taub war.

Bei mir war das vor gar nicht allzu langer Zeit ähnlich. Als ich anfing, Videos zu drehen und Bilder zu posten, um anderen Menschen Hoffnung, Inspiration und Mut zu schenken, gab es unzählige Menschen, die mich davon abbringen wollten. Das Schockierende und teils Traurige war für mich zu diesem Zeitpunkt, dass es nicht irgendwelche fremden Menschen waren, sondern sehr gute Freunde, Freundinnen und Familienmitglieder. Ich hatte wohl zu große Erwartungen an Menschen gehabt, die mir nahestanden.

Aber ganz ehrlich? Irgendwie war es mir egal. Zugegeben, es gab immer wieder Momente, wo die Stimmen dieser Menschen so laut waren, dass ich mein Herz nicht mehr flüstern hören konnte und ich kurz davor war, aufzugeben. Aber ich habe von Anfang an gespürt, dass ich diesen Weg gehen muss. Was ich nur lernen musste, war, taub zu sein. Nicht aus Ignoranz, sondern aus gesunder Selbstliebe und um meinen kleinen Traum zu beschützen. All diese Menschen konnten nicht fühlen, was ich auf meiner »Leiter« fühlte. Ich bin ihnen auch nicht böse, denn vor dem Hintergrund ihrer Werte hatten sie vielleicht recht. Wenn ihr oberster Wert Sicherheit ist, dann sollte man nicht tun, was ich tue. Das ist alles okay. Sie sind okay. Ich bin okay. Und du ... du scheinst auch okay zu sein.

Warte mal kurz – hörst du sie? Die Stille hier im Wald?

Tatsächlich umgibt uns eine Stille, wie wir sie heute noch nicht erlebt haben. Als würden die Vögel Mittagsruhe halten und der Wind ebenfalls eine kleine Pause einlegen, sodass nur das vereinzelte Rascheln der Blätter unsere Ohren erreicht.

Ich hoffe, du hast keine Angst vor der Stille. Viele Menschen haben nämlich Angst vor der Stille. Nicht wegen irgendwelcher Geister, sondern weil sie Angst vor dem haben, was tief aus ihrem Inneren hervorkommt, was sie sich lange durch den Lärm im Außen vom Hals gehalten haben ...

Angst ist nicht schlimm. Angst ist menschlich. Vor vielen, vielen Jahren war Angst sogar überlebensnotwendig. Heute ist Angst allerdings oft nur eingebildet und unbegründet und hält uns davon ab, unseren eigenen Weg zu gehen.

Wie oft hatte ich Angst in meinem Leben! Und fast genauso oft hatte ich sie ohne Grund. Ich glaube, eine meiner ersten Ängste war meine Angst vor dem Kindergarten. Ich fühlte mich einfach nicht willkommen. Ich sah all die anderen Kinder und hatte das Gefühl, dort nicht hinzugehören. Ich lief oft vom Kindergarten weg und zum benachbarten Krankenhaus. Ich weiß noch ganz genau, dass ich unzählige Male unter einen Krankenwagen kroch und mich dort versteckte. Meine Mutter und die Kindergärtnerin versuchten mich dann immer dazu zu bewegen, herauszukommen. Irgendwann schafften sie es auch. Vermutlich war es die Angst, nicht akzeptiert zu werden als die Person, die ich war. Verstanden habe ich das damals noch nicht. Diese Angst hat mich aber dazu gebracht, schon sehr früh mit Menschen mitzufühlen, die sich ebenfalls nicht wohlfühlten, und anderen Kindern in meinem Umfeld gut zuzuhören, wenn sie etwas auf dem Herzen hatten.

Ich glaube auch, dass unsere Angst sich dadurch nährt, dass wir uns selbst viel zu wichtig nehmen. Schau mal, wenn du vorhin über den Stein gestolpert und hingefallen wärst, am Boden gelegen hättest, winselnd in Embryonalstellung ... okay, das Letzte war ein bisschen übertrieben. Aber stell dir vor, du hättest da gelegen und ein anderer Spaziergänger wäre in diesem Moment an uns vorbeigegangen. Du hättest dich geschämt. Du hättest dich gefragt, was diese Person von dir denken mag. So geht es vielen Menschen. Sie haben Angst, überhaupt einen Schritt zu tun, weil sie befürchten, dass ein Hindernis auf ihrem Weg liegen könnte, dass sie hinfallen könnten, dass ein anderer Mensch das mitbekommen und etwas Schlechtes über sie denken könnte. So führt eine Angst zur nächsten und es entsteht ein wahrer »Angst-Domino-Effekt«.

Hab keine Angst. Es wartet etwas viel Besseres auf dich ...

Und nun stell dir vor, alles wäre tatsächlich genauso passiert. Ja! Alles wäre genauso passiert! Oh mein Gott! Aber lass uns etwas in die Zukunft reisen. Nicht weit. Vielleicht nur vom Moment des Hinfallens bis zum jetzigen Augenblick. Schauen wir uns an, was geblieben wäre: Vielleicht würdest du einen leichten Schmerz im Knie spüren, vielleicht wäre ein kleiner Abdruck auf deiner Hose zu sehen. Vielleicht hätte der Spaziergänger dich angeschaut, eventuell sogar geschmunzelt, wäre weitergelaufen und hätte an seine eigenen Probleme gedacht. Und nun lass uns noch etwas weiter in die Zukunft gehen. Würde all das in ein paar Wochen, Monaten oder in einem

Jahr noch eine Rolle spielen? Nein? Warum sollte es dann jetzt eine Rolle spielen? Selbst wenn du dir die Hand gebrochen hättest, deine Hose gerissen wäre, der Spaziergänger dich laut ausgelacht und allen seinen Freunden davon erzählt hätte – würde das in ein paar Wochen, Monaten oder in einem Jahr noch eine Rolle spielen? Nein? Warum sollte es dann in diesem Moment eine Rolle spielen?

Vielleicht sagst du jetzt: »Ja, aber ich könnte durch meine gebrochene Hand eingeschränkt sein und das bereitet mir große Angst.« Diese Angst fütterst du. Du füttert sie mit Zukunftsgedanken, und gerade das schmeckt ihr. Das stärkt deine Angst und lässt sie größer und bedeutsamer werden. Wenn du jedoch mit deinen Gedanken in die Gegenwart kommst, verhungert die Angst nach und nach. Möglicherweise bist du irgendwann wegen deiner gebrochenen Hand tatsächlich eingeschränkt und stehst vor einem Problem. Dann frage dich: »Kann ich es jetzt lösen? Ja? Prima.« »Kann ich das wegen meiner gebrochenen Hand gerade nicht erledigen? Nein? Okay.« »Gibt es eine andere Lösung für dieses Problem?« So kehrst du in die Gegenwart ein und kannst deine Energie von Moment zu Moment nutzen, statt sie als Futter für die Angst zu verbrauchen.

Angst beginnt oft mit dem Gedanken: »Was passiert, wenn ...?« Wenn du spürst, dass diese Worte in dir hochkommen, denke an genau diesen Moment unseres Spaziergangs. Sage nicht zur Angst: »Lass mich in Ruhe«, sondern heiße sie willkommen. Sie darf da sein, sie hat eine Funktion. Sonst wäre sie ja nicht da. Frage sie, warum sie gekommen ist und was sie dir sagen möchte. Manchmal gibt sie eine ausführliche Antwort, manchmal nur eine kurze. Aber in dem Moment, in dem du ihr zuhörst, verliert sie ihre Macht und du fängst an, sie zu kontrollieren statt andersherum.

Ich habe vergessen, mich für eine Sache bei dir zu bedanken. Also, ich könnte dir für sehr viele Sachen danken, aber die eine Sache muss ich dir jetzt sagen, denn das ist echt nicht selbstverständlich: Danke für dein Vertrauen. Wirklich. Danke für dein Vertrauen in mich. Und ich hoffe, du hast noch viel mehr Vertrauen in dich selbst. Das darfst du ruhig haben. Manchmal denken wir zwar, wir hätten das Vertrauen in uns verloren, aber wie willst du etwas verlieren, was ein Teil von dir ist? Das geht nicht. Okay, manchmal zweifeln wir an uns selbst. Aber in diesen Momenten sollten wir nicht an uns zweifeln, sondern eher an den Menschen um uns herum, die uns an uns selbst zweifeln lassen.

Schenke dir selbst Vertrauen.
Das verleiht deiner Seele Kraft.

Mir hat der Gedanke sehr geholfen, dass ich nicht mehr Vertrauen in mich brauche, sondern weniger Zweifel an mir. Das ist ein großer Unterschied. Denn wenn ich denke, ich bräuchte mehr von etwas, suggeriert dies, dass ich es noch nicht habe und es vielleicht von außen kommen muss. Wenn ich denke, dass ich weniger von etwas haben will, bedeutet es, dass alles, was ich brauche, bereits da ist. In mir. Und dieser Gedanke stärkt das Selbstvertrauen.
Selbstvertrauen heißt nicht, laut zu sein oder keine Angst zu haben. Selbstvertrauen heißt, deiner Seele Kraft zu verleihen. Dir Vertrauen zu schenken ist ein Beitrag zur wichtigsten Beziehung, die du führen musst: die Beziehung zu dir selbst. Andere Beziehungen mögen kommen und gehen, aber die Beziehung zu dir selbst begleitet dich

wirklich dein ganzes Leben lang. Deshalb ist es wichtig, diese Beziehung zu pflegen. Das können wir unter anderem dadurch, dass wir ganz bewusst Selbstvertrauen kultivieren und unser Handeln nicht an anderen Menschen ausrichten, sondern lieber unserer Intuition vertrauen. Warte, mal kurz!

Ich bücke mich, pflücke eine kleine Blume am Wegesrand und reiche sie dir.

Hier, diese Schlüsselblume ist für dich. Sie ist ein kleiner, ein klitzekleiner Vertrauens-Blumenstrauß. Und ich wünsche mir, dass du dir künftig jeden Tag selbst so einen kleinen Blumenstrauß schenkst.

UND JETZT DU …

GIESSE VERTRAUENSVOLL DEINEN SAMEN, DAMIT EINE WEITERE BLUME FÜR DEINEN VERTRAUENSBLUMENSTRAUSS WÄCHST.

- Ich habe Vertrauen, weil

EIN PAAR SCHRITTE ZU DEINEN MITMENSCHEN

Die Mittagssonne hat ihren Zenit bereits überschritten und wir setzen unseren Spaziergang fort. Inzwischen haben wir wieder ein Stück Wald erreicht und plötzlich fange ich an, meine Hüften ein wenig kreisen zu lassen. Ich schließe die Augen, meine Hände malen wilde Zeichen in die Luft und über mein Gesicht breitete sich ein glückliches Lächeln aus.

Nun schau nicht so! Ich habe ab und zu meinen »Bollywood-Romantik-Moment«. Ich muss dann einfach tanzen. Das tut so gut! Und wir machen das echt viel zu selten. Okay, vielleicht muss man nicht den ganzen Tag tanzen wie die Leute in den Bollywood-Filmen, aber zumindest sollten wir tanzen, solange die Musik spielt. Und unsere Musik spielt genau jetzt. Also, wenn es dich auf unserem Spaziergang überkommt, fang einfach an. Ich werde dann einsteigen … Beim Tanzen verliere ich mein Zeitgefühl und das ist für mich immer ein Zeichen, dass ich das Richtige tue. Wann verlierst du dein Zeitgefühl? Es sind oft Dinge, die dich ganz ins Hier und Jetzt bringen und dich deswegen vergessen lassen, dass es so etwas wie Zeit überhaupt gibt.

Im Licht der Sonnenstrahlen sieht man überall noch die Spuren des Regens, die »Freudentränen« von vorhin. Sie haben dem Wald einen ganz besonderen Glanz verliehen. Eine Frische, die man förmlich riechen kann.

Siehst du? Die Blätter sind alle noch ein wenig nass. Ich finde es so schön, wie die Blätter den Regen abperlen lassen. Wir sollten viel öfter sein wie diese Blätter und Kritik, die auf uns regnet, einfach abperlen lassen. Zumindest unberechtigte Kritik. Denn viele von uns sind eben nicht wie der taube Junge aus der Geschichte, die ich dir vorhin erzählt habe; sie nehmen sich die Kritik anderer Menschen zu Herzen und geben dann auf. Gib du bitte niemals auf, nur weil jemand dich kritisiert; die meisten Menschen kennen dich doch gar nicht. Kritik bedeutet oft, dass das, was du tust, die Aufmerksamkeit von anderen Menschen auf sich zieht. Das ist ja erst mal etwas Positives. Es zeigt, dass deine Taten und Worte in ihnen etwas bewegen. Die Sache ist nur, dass das Interesse so leicht ins Bewerten umschlägt. Plötzlich fangen Leute an, ihre Meinung kundzutun, obwohl sie keiner danach gefragt hat. Das ist von mir nicht böse gemeint, nur verstehe ich einfach nicht, warum Leute ständig etwas bewerten müssen. Ich meine, ich lasse anderen ihre Meinung. Sie sind dazu ja berechtigt. Wenn du die Meinung anderer Menschen ändern willst, fangen die Probleme an, denn das ist unmöglich.

Hör auf, dich zu vergleichen.
Niemand kann besser
du selbst sein als du.

Das Bewerten ist eng verbunden mit dem Vergleichen, und das Vergleichen ist ein Rezept zum Unglücklichsein. Wenn du hier im Wald auf Knopfdruck unglücklich werden willst, dann fang einfach an, dich zu vergleichen. Vielleicht kommt uns jemand entgegen, du vergleichst deine Schuhe mit seinen und findest seine Schuhe schöner. Und plötzlich bist du unzufrieden, während du vorher noch ganz zufrieden in deinen Schuhen des Wegs gelaufen bist. Aber schau dir doch mal all die schönen Bäume an. Der eine ist groß, der andere klein. Der eine alt, der andere jung. Der eine krumm, der andere kerzengerade, der eine hell, der andere dunkel. Bäume vergleichen sich nicht untereinander und wir sollten das auch nicht. Wir betrachten die Bäume, aber wir bewerten sie nicht. Wir sehen sie in ihrer vollkommenen Unvollkommenheit und finden jeden Baum genauso so, wie er ist, perfekt. Wir spüren tief in unserem Innern, dass jeder Baum genau so gemeint ist, wie er da vor uns steht.
Aber unter Menschen ist es schon schwieriger, auf das Vergleichen zu verzichten. Gerade in der indischen Kultur wird sehr viel ver-

glichen. Und so haben meine Eltern mich als Kind ständig mit anderen verglichen. Sie meinten es nicht böse, sie kannten es nicht anders. In Indien haben es Schulkinder aus armen Familien nicht leicht. Gute Noten reichen in Indien nicht aus, um das Abitur zu machen, der höhere Schulabschluss ist eine Frage des Geldes. Höchstens ein oder zwei Schüler einer Schule erhalten in Indien ein Stipendium. Wer keins bekommt und kein Geld hat, muss sehen, wo er bleibt. Deshalb war das Schulsystem für meine Eltern ein wesentlicher Grund, in Deutschland zu bleiben. Zunächst wollten sie nur ein Jahr bleiben, daraus wurden zwei, dann drei ..., und nun leben sie schon über vierzig Jahre hier. Es war für sie unglaublich, dass man nur aufgrund seiner Leistungen das Abitur machen kann. Und sie wollten meinem Bruder und mir so gern ein besseres Leben ermöglichen, als sie es in ihrer Jugend gehabt hatten.
Leider führte ihr ständiges Vergleichen der Schulnoten dazu, dass auch ich irgendwann anfing, mich zu vergleichen. Mit Leuten aus meiner Klasse, mit meinem Bruder, mit Leuten aus der Nachbarschaft, mit Leuten aus meinem Sportverein ... Und jeder Vergleich machte mich unglücklich, denn am Ende des Tages dachte ich stets: Ich bin nicht genug. Aber wir sind genug. Und das ist eine Erkenntnis, die nur in uns wirken kann, losgelöst von Vergleichen. Deshalb vergleiche ich mich nicht mehr mit anderen. Wenn ich mich heute vergleiche, dann mit mir selbst vor einem Jahr. Warum solltest du dich mit anderen Menschen vergleichen? Es gibt niemanden, der besser du selbst sein kann als du.

Wir gehen ein wenig weiter und das Rascheln der Blätter in den Baumkronen wirkt so, als würde über uns eine fast medi-

tative Melodie gespielt. Ab und zu wird diese Melodie vom Quaken der Frösche unterbrochen.

Weißt du, Kritiker sind ein bisschen wie die Frösche hier, die ab und zu unseren Weg kreuzen. Ich habe nichts gegen Frösche. Im Gegenteil, ich finde sie wunderschön und mag sie sehr. Aber sie erinnern mich an die Leute, die uns ständig kritisieren. Denn Kritik kommt immer von unten und oft höre ich diese Menschen nur quaken.

Das Quaken anderer, äh, ich meine, die Meinung anderer über dich sagt viel über sie aus und wenig über dich. Ein guter Mensch wird nämlich einen guten Menschen in dir sehen. Ein schlechter Mensch wird etwas Schlechtes in dir sehen. Du bist eine Projektionsfläche, ein Spiegelbild dieser Menschen. Sie erkennen sich selbst in dir. Das, was in ihnen steckt, wird hervortreten, wenn sie in diesen Spiegel, also auf dich schauen.

In Indien hatten meine Großeltern früher ein paar Kautschukbäume. In sie wurde eine kleine Bahn geritzt und am Ende dieser Bahn lag eine ausgehöhlte Kokosnussschale. Der Kautschuk trat aus den Ritzen, floss die Bahn herab bis in die Schale, aus der er dann entnommen und in die Sonne zum Trocknen gelegt wurde. Die Bäume gaben nicht den Kautschuk, weil meine Großeltern es gerne wollten oder weil sie so tolle Bahnen ritzen konnten, sondern sie gaben ihn, weil er in ihnen steckte.

Genauso geben die Menschen das preis, was in ihnen steckt. Wenn jemand mit dir schlecht über jemand anderen sprechen würde, ist es nicht abwegig, dass er mit anderen auch schlecht über dich spricht. Denn der »Schlecht-reden-Kautschuk« steckt ja in ihm. Ich habe im Laufe der Zeit gelernt, dass ich das, was aus den Menschen tritt, manchmal gar nicht direkt verstehen oder bewerten muss, sondern es einfach erst mal »in die Sonne zum Trocknen legen« und mich um andere Dinge kümmern kann. Manchmal kommen Menschen zu mir und erzählen mir, dass irgendjemand schlecht über mich gesprochen hat. Mit dem Wissen, dass »Schlecht-reden-Kautschuk« in jenem Menschen steckt, stehe ich darüber und rege mich nicht erst gar nicht groß auf. Aber ich frage dann meinen Bekannten: »Wieso darf der andere in deiner Anwesenheit so über mich sprechen?« Das ist es, was ich mich und ihn frage und was mich wirklich interessiert. Ich will darauf keine Antwort haben, aber ich möchte, dass mein Gegenüber darüber nachdenkt, was es sein könnte, das dem anderen das Gefühl gibt, schlecht über mich sprechen zu dürfen.

Wer anderen ihr Glück nicht gönnt,
wird es schwer haben,
selbst Glück zu erfahren.

Ich hatte auch mal negativen Kautschuk in mir. Was heißt »mal«? Lange Zeit sogar. Als Kind konnte ich schlecht mit dem »schönen Leben« anderer Kinder umgehen. Ich habe es ihnen einfach nicht gegönnt. Es gab Kinder, die hatten ein eigenes Zimmer, einen eigenen Fernseher und sie trugen coole Klamotten. Manche wohnten in riesigen Wohnungen oder gar Häusern mit Garten! Das alles hatte ich nicht. Und meine Unzufriedenheit machte es mir unmöglich, den Kindern zu gönnen, was sie hatten. Ich sah nicht, was ich hatte. Und wer nicht erkennt, was er hat, wird auch nie zufrieden sein mit dem, was er bekommt.

Viel später begriff ich, dass diese Kinder meine besten Lehrer waren. Sie brachten Gefühle in mir hoch, die in mir steckten. In mir – die anderen Kinder hatten damit nichts zu tun. Und das ist der erste Schritt, um den Neid zu überwinden. Mir wurde klar, dass alles, was in ihrem Leben stattfand, mein Leben nicht beeinflussen sollte. Wer anderen ihr Glück nicht gönnt, wird es im Leben schwer haben, selbst Glück zu erfahren.

Ich bin ja gegen Pauschalisierungen und Schubladendenken, aber weißt du, wie du schnell ein Gefühl entwickeln kannst, mit was für einem Menschen du dich gerade umgibst? Ich sehe es so: »Große« Menschen reden über Ideen und Träume, »normale« Menschen reden über Sachen und »kleine« Menschen reden über andere Menschen. Glaub mir, dieser Gedanke hilft dir, schnell zu verstehen, wem du gerade deine wertvolle Zeit schenkst. Manchmal hinterlässt jemand unfreundliche Kommentare unter meinen Videos. Dann versuche ich, ruhig zu bleiben, mindestens dreißig Sekunden lang, dann ist es gut. Denn wenn ich meinerseits aggressiv oder wütend reagiere, muss ich noch mehr Zeit mit dieser unglücklichen Person verbringen und das möchte ich nicht. Ich versuche, Kritik nie persönlich zu nehmen. Ich versuche auch, Lob nicht persönlich zu nehmen. Das ist ebenfalls wichtig. Die Leute kennen mich doch nicht. Selbst wenn sie mich loben, loben sie nur einen kleinen Teil von mir oder eine Leistung, die ich vollbracht habe.

Wenn ich mir über schlechte Worte Gedanken mache, frage ich mich nur »Warum?«. Warum sagt oder schreibt jemand so etwas Gemeines? Und dann weiß ich, dass es oft deswegen ist, weil er sich ängstlich fühlt. Er hat Angst, bestimmten Ansprüchen nicht zu genügen. Er hat Angst, dass sein Gegenüber einen anderen Weg einschlägt. Er hat vielleicht Angst, alleine zu sein. Woher die Ängste stammen, weiß ich nicht, aber wenn seine Vergangenheit meine Vergangenheit wäre, würde ich vielleicht genauso denken und handeln wir er und hätte dieselben Ängste.

Ich hebe einen kleinen Ast auf, der auf unserem Weg liegt, und halte ihn dir hin.

Hier, ich möchte dir diesen kleinen Ast hier schenken. Der Ast könnte für ein Geschenk stehen. Er könnte aber auch für eine Beleidigung stehen. Stell dir vor, du willst ihn nicht haben, wem gehört dann der Ast? Genau! Mir. Solange du ihn nicht annimmst, wird er nicht zu »deinem Ast«. Vielleicht ist es ja kein Zufall, dass das Wort »Ast« in dem Wort »Last« steckt. Lass diese Last also bei dem anderen.
Aber manchmal nehmen wir den Ast trotzdem an, sagen wir, es ist eine Beleidigung, und dann entsteht in uns mitunter das Gefühl, uns dafür rächen zu wollen. Immer wenn wir etwas Gemeines zurückgeben möchten, sind wir mit unserem eigenen Leiden beschäftigt. Doch wenn wir einen Moment abwarten, uns beruhigen und tiefer schauen, erkennen wir, dass die Person, die uns verletzt hat, ein größeres Leiden hat. Das macht es einfacher, diesem Menschen zu vergeben; er muss ja diese Last – diesen Ast – tragen.
Wir Menschen brauchen Liebe. Nichts anderes. Ich weiß, dass es manchmal viel verlangt ist, einem Menschen, der sich nicht gut verhalten hat, mit Liebe zu begegnen. Aber nur Liebe kann diesen Menschen heilen. Und wenn wir jemandem vergeben, hilft das nicht nur ihm, sondern vor allem auch unserem eigenen Seelenfrieden. Manchmal reicht es, uns vorzustellen, wie wir einen Menschen, der

uns einen bösen Ast schenken wollte, mit Liebe umhüllen. In diesem Moment breitet sich ein Frieden in dir aus, der dir das gute Gefühl gibt, dass du genau das getan hast, was getan werden sollte; dass du etwas getan hast, das vielleicht nicht einfach, aber genau richtig war. Falls es dir unmöglich ist, dem anderen mit Liebe zu begegnen, dann versuche es zunächst mit Verständnis. Versetze dich in den anderen hinein, das ist so hilfreich. Ich sollte wenigstens einen Tag in deinen Wanderschuhen laufen, um deinen Weg ein wenig besser zu verstehen.

Tu Dinge, die nicht »gegen« etwas, sondern »für« etwas sind.

Tja, das Verhältnis zu anderen Menschen ist nicht immer leicht. Wir können so viele schöne Dinge mit ihnen erleben, doch das führt eben auch dazu, dass wir manchmal irgendwelche Erwartungen entwickeln. Wenn du dir wünschst, dass andere dich gut behandeln, kann dich dieser Wunsch herunterziehen. Wenn du wünschst, gehört zu werden, kann auch dieser Wunsch dich irgendwann herunterziehen. Suche nicht etwas bei anderen, das du dir selbst geben musst. Biete anderen deine Hilfe an. Höre anderen zu. In diesem Prozess der Hilfe und des Da-Seins für andere wirst du selbst das finden, wonach du gesucht hast. Wenn uns jetzt eine zehnköpfige Wandergruppe entgegenkäme, wäre es nicht ungewöhnlich, dass uns eine Person aus dieser Gruppe nicht mögen würde. Zwei würden uns vielleicht auf Anhieb sympathisch finden und den restlichen sieben wären wir vermutlich ziemlich egal.

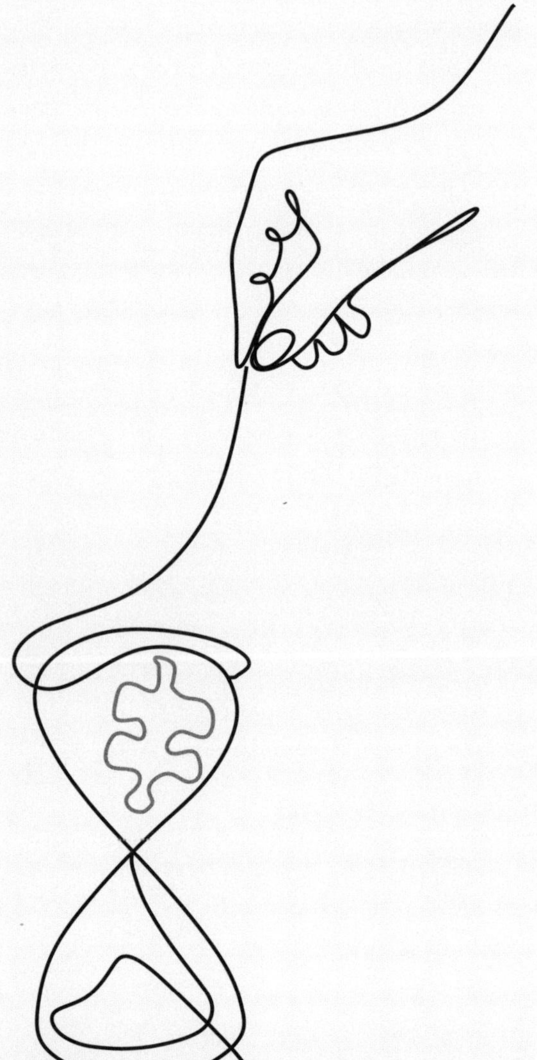

JEDEN TAG

bekommst du

84 600 SEKUNDEN

GESCHENKT.

Gib acht,

wem du diese

KOSTBARE ZEIT

WIDMEST.

♥

Es gibt immer Menschen, die uns möglicherweise nicht mögen. Weitaus wichtiger ist jedoch die Frage, auf wen wir uns konzentrieren. Viele würden sich auf den Menschen konzentrieren, der sie nicht mag, und würden so den schönen Moment verpassen, in dem sie die beiden Wanderer anlächeln, die sie sympathisch finden.

Wer Liebe ernten möchte, sollte Vertrauen säen.

Als ich mein erstes Buch schrieb, bekam ich viel Gegenwind zu spüren. »Du bist doch gar kein Autor« oder »Wen soll das interessieren?« waren Dinge, die ich zu hören oder zu lesen bekam. Und anfangs gab ich diesen Meinungen viel Gewicht, bis ich erkannte, dass ich mich lieber auf den Jungen konzentrieren sollte, dessen Tränen durch das Buch getrocknet wurden. Auf das Mädchen, das nun weniger Liebeskummer hatte. Auf die Frau, die künftig auch mal ihre eigenen Bedürfnisse in den Vordergrund stellte. Auf den Vater, der verstand, dass er nicht immer nur funktionieren muss.
Auf deinem Weg können dich unterschiedliche Menschen weiterbringen. Kritiker können dich genauso motivieren wie Leute, denen du guttust und die dir guttun. Ich kann dir aus eigener Erfahrung sagen: Tu Dinge, die nicht »gegen« etwas, sondern »für« etwas sind. Gehe deinen Weg nicht, um es deinen Kritikern zu beweisen, sondern um denen Liebe zu geben, die an dich glauben. Wenn du es deinen Kritikern zeigen willst, bist du ständig am Kämpfen. Und das kostet dich sehr viel Kraft, glaub mir. Kraft, die anders kanalisiert viel Gutes bewirken könnte.

Hier in der Nähe gibt es übrigens einen schönen Aussichtspunkt, der Blick von dort ist einfach fantastisch. Ich würde ihn dir gern zeigen, doch ich bin mir nicht ganz sicher, ob ich ihn finde. Aber vielleicht treffen wir ja jemanden, der sich hier auskennt. Denn auch wenn wir unseren eigenen Weg gehen, dürfen wir durchaus mal Leute nach dem Weg fragen. Das ist okay. Nach dem Weg fragen, Hilfe annehmen, das sind Stärken, keine Schwächen. Vertrauen ist nichts, was verloren geht, wenn wir es anderen schenken. Es ist keine Flasche, die leer werden kann. Im Gegenteil. Oft, wenn ich Vertrauen verschenke, spüren das die Menschen um mich herum und schenken mir ihrerseits Vertrauen.
Es gibt einen wirklich schönen Satz, der mich sehr berührt hat. Er lautet: »Wer Liebe ernten möchte, sollte Vertrauen säen.« Erinnerst du dich noch an den Samen, den wir heute Morgen gepflanzt haben? Vielleicht haben wir vorhin mit ihm ein klein wenig Vertrauen gesät. Ich finde die Vorstellung so schön, dass da jetzt etwas zwischen all diesen wunderschönen Bäumen und Pflanzen wächst. Manche Bäume sind schon Jahrhunderte alt. Das sind die Ur-Ur-Ur-Ur-Ur-Ur-und-so-weiter-Großeltern unseres kleinen Pflänzchens. Vertrauen ist auch ein zartes Gewächs. Es muss ebenfalls wachsen, sehr lange, manchmal auch sehr langsam.
Ist es nicht so? Habe ich recht? Nein, habe ich nicht. Es ist nur meine Meinung zu diesen Dingen. In dem Moment, in dem ich denke, dass ich in einer zwischenmenschlichen Beziehung wie unserer recht habe, stecke ich bereits in einem Machtkampf. Versteh mich nicht falsch: Natürlich sollten wir uns auf diesem Spaziergang sagen, was wir denken und fühlen. Ich darf dich kritisieren und du mich auch. Aber alles, was ich sage, sollte deinem Glück dienen und nicht von

mir geäußert werden, damit ich mich besser fühle. Dennoch wird es sicher mal vorkommen, dass ich etwas sage, was dich verletzt, oder du sagst mir etwas, was mich verletzt.
Ich habe daher für mich die »Erde-Baum-Regel« ins Leben gerufen. Sie ist eigentlich ganz einfach: Wenn du zu mir etwas sagst, das mich verletzt oder traurig macht, nehme ich in Gedanken einen Stock und schreibe damit hier in die Erde: »Heute hat mir ein Mensch, der mir am Herzen liegt, wehgetan.« Wenn du etwas Schönes zu mir sagst oder mich lobst, nehme ich gedanklich ein kleines Taschenmesser und ritze in einen Baum: »Heute hat mir ein Mensch, der mir am Herzen liegt, etwas Gutes getan.« Jetzt fragst du dich vielleicht, warum ich beim ersten Mal in die Erde schreibe und beim zweiten Mal in den Baum ritze. Weißt du, wenn du mir wehtust, dann soll der Regen des Verzeihens das in die Erde Geschriebene wieder wegspülen. Wenn du mir etwas Gutes tust, soll kein Regen das in den Baum Geschriebene jemals wieder löschen.

Wie durch ein kleines Wunder stehen wir plötzlich an dem Aussichtspunkt. Die Bäume wirken von hier oben viel kleiner und irgendwie niedlich. Andächtig blicken wir in die Landschaft. Wir sehen die Wege, die wir soeben noch entlanggelaufen sind, und haben beim Einatmen das Gefühl, dass die ohnehin schon saubere Luft hier noch reiner ist.

Ist der Blick ins Tal nicht wunderschön? Und sieh mal dort in der Ferne die zarten Nebelschleier ... Komm, wir setzen uns ein wenig auf diese Bank und genießen die Aussicht. Die Zeit nehmen wir uns jetzt einfach, findest du nicht auch?

Unser Nährboden sind andere Menschen. Sorge dafür, dass du von Menschen umgeben bist, die dir guttun.

Wir haben ja schon darüber gesprochen, wie wichtig es ist, dass wir uns Zeit für uns selbst nehmen. Aber mit der Zeit hat es auch noch etwas anderes auf sich: Stell dir vor, wir bekommen jeden Tag ein Geldkonto gefüllt mit 86 400 Euro, einfach so. Dieses Konto geht allerdings mit zwei Bedingungen einher. Die erste lautet, dass jeder Euro, den du bis Mitternacht nicht ausgegeben hast, für immer weg ist. Am nächsten Tag werden uns wieder 86 400 Euro auf das Konto überwiesen und auch hier gilt: Alles, was du an dem Tag nicht ausgegeben hast, ist endgültig futsch. Die zweite Bedingung lautet, dass dieses Konto zu einem Zeitpunkt, den du nicht kennst, für immer gelöscht wird. Und – was würdest du tun? Natürlich würdest du jeden Euro investieren und nicht zulassen, dass auch nur ein einziger Cent verschwendet wird. Du würdest reisen, dir etwas Schönes gönnen, Freunden helfen, spenden, deine Familie unterstützen. Dir würden viele gute und wichtige Dinge einfallen.

Und nun pass auf: Dieses Konto haben wir tatsächlich jeden Tag zu unserer Verfügung. Es ist aber kein Geldkonto, sondern ein Zeitkonto. Gefüllt mit 24 Stunden, also umgerechnet 86 400 Sekunden. Und für dieses Zeitkonto gelten die gleichen Bedingungen: Jede Sekunde, die wir bis Mitternacht nicht investiert haben, wird gelöscht, denn dann ist der Tag vorbei. Am nächsten Tag kriegen wir hoffentlich wieder 86 400 Sekunden auf unser Zeitkonto überwiesen, und das Gleiche geht von vorne los: Wir können die Zeit, die wir heute nicht genutzt haben, nicht in den morgigen Tag mitnehmen. Auch Bedingung Nummer zwei gilt für dieses Zeitkonto: Auch dieses Zeitkonto wird zu einem Zeitpunkt, den du nicht kennst, endgültig gelöscht. Irgendwann sterben wir alle, aber wir wissen nicht, wann. Wenn du also jeden Euro investieren würdest – in dich, in deine Träume, in deine Liebsten, in eine Verschönerung der Welt – dann investiere auch jede Sekunde in dich, in deine Träume, in die Menschen, die dir am Herzen liegen, in eine schönere Welt – und in einen kleinen Tanz mit dir selbst!

Mit diesem Wissen kannst du ebenfalls entscheiden: Wem schenkst du deine Zeit? Du kannst sie den missgünstigen Quakern schenken oder den Menschen, die nur das Beste für dich wollen. Siehst du den schönen großen Baum dort drüben? Siehst du, wie dick sein Stamm ist und wie saftig seine Blätter aussehen? Ich finde, man sieht und spürt förmlich, dass er in einem gesunden Boden wurzelt. Also, ich bin kein Bodenexperte, aber ich weiß, dass der Boden dem Baum alle Nährstoffe bieten muss, die er braucht, um zu gedeihen. Für dich und mich gilt das Gleiche. Auch wir können nur gesund wachsen und zufrieden und dankbar im Leben stehen, wenn wir im »richtigen Boden« stehen. Und der besteht vor allem aus anderen Menschen. Menschen, die uns Energie spenden, statt sie uns zu entziehen. So sollte es zumindest sein.

Stell dir nun vor, der Baum würde auf einem ungesunden Boden stehen. Vielleicht würde er dadurch etwas schief wachsen. Am Anfang bemerkt man es kaum, aber je größer er wird, desto deutlicher wäre seine krumme Form erkennbar. Daraus habe ich gelernt: Wenn es Menschen gibt, die mir nicht guttun oder die beginnen, mir nicht gutzutun, muss ich sehr schnell darauf reagieren.

Manchmal aber wissen wir gar nicht sofort, ob wir es mit quakenden Kritikern oder wohlwollenden Menschen zu tun haben. Dann müssen wir in uns gehen, überlegen und eine Entscheidung treffen. Es geht um eine Entscheidung zwischen drei Alternativen. Lass mich dir am Beispiel der drei Bäume dort, die fast identisch aussehen, erklären, was ich meine. Ich werde jedem dieser Bäume einen Namen geben, die jeweils für eine der drei Alternativen stehen.

Jeder Mensch sehnt sich nach Liebe.
Vergib dem, der dir Unrecht getan hat,
damit es dir besser geht.

Viele Menschen beginnen zu jammern, wenn ihnen etwas an anderen Leuten nicht passt. Sie beschweren sich dann bei Dritten darüber. Der große Nachteil des Jammerns ist allerdings, dass sich dadurch nichts verändert. Wir verlieren bloß Energie und verplempern kostbare Sekunden unseres täglichen Zeitkontos. Das soll nicht heißen, dass ich nie jammere. Jeder Mensch hat Zeiten, in denen er jammert. Aber ich habe mein Jammern stark reduziert, als ich diese drei Bäume für mich entdeckt habe. Denn sie stehen für das, was wir tun können, außer zu jammern. Immer, wenn ich spüre, dass ich am liebsten losjammern möchte, schaue mir deshalb diese drei Bäume an und setze mich dann in den Schatten eines dieser Bäume.

Der erste Baum heißt »Akzeptanz«. Zu diesem Baum gehe ich, wenn ich entschieden habe, mich nicht mehr über einen Menschen zu beschweren, sondern ihn so zu akzeptieren, wie er ist. Das ist zum Beispiel bei Menschen in meinem engsten Umfeld der Fall. Ich nehme diese Menschen so, wie sie sind. Im Schatten dieses Baumes habe ich mit ihnen meinen Frieden gemacht.

Akzeptanz, Veränderung oder Verlassen – du hast die Wahl.

Oder ich gehe zum zweiten Baum. Der zweite Baum heißt »Veränderung«. Zu ihm gehe ich, wenn ich mich entschieden habe, mich gegenüber einem Menschen anders zu verhalten. Ich wähle andere Worte, lasse andere Taten sprechen und versuche, den Menschen dadurch zu inspirieren und ihm zu verstehen zu geben, was mir wirklich wichtig ist. Das passiert zum Beispiel, wenn ich merke, dass er anfängt, »krumm zu wachsen«. Mit meinem veränderten Verhalten steuere ich sofort dagegen an. Im Schatten dieses Baumes habe ich die Gewissheit, dass ich mit meinem veränderten Verhalten alles getan habe, was getan werden konnte.
Oder ich gehe zum dritten Baum. Dieser Baum heißt »Verlassen«. Und zu diesem Baum gehe ich, du ahnst es bereits, wenn ich den Menschen verlassen werde. Entweder habe ich gemerkt, dass ich nicht mehr zum ersten oder zum zweiten Baum gehen kann, oder der andere hat etwas getan, das mich so sehr verletzt hat, dass ich direkt zum dritten Baum gehe. Im Schatten dieses Baumes vergieße ich vielleicht eine Träne oder zwei, aber dann schaue ich zum Himmel und weiß, dass ich meinen Seelenfrieden gewahrt habe.
Glaube mir, es tut so gut, einen dieser drei Bäume aufzusuchen, denn du triffst eine Entscheidung für dich. Du triffst sie nicht *gegen* einen anderen Menschen, sondern *für* dich, und durch diese

Aufrichtigkeit wirst du auch dem anderen Menschen am besten gerecht. In dem Wort »Entscheidung« steckt das Wort »Scheidung«. Das heißt: Du scheidest von den anderen Wegen und gehst ganz bewusst zu dem Baum, den du für dich gewählt hast. Und immer, wenn du eine Entscheidung getroffen hast, wirst du das Gefühl haben, dein Leben wieder selbst in die Hand genommen zu haben. Manchmal ist es auch sinnvoll, von einem Baum zu einem anderen zu wechseln. Ich habe einen Onkel, durch den mir das klar geworden ist. Jedes Mal, wenn ich Indien war, geriet ich mit ihm in heftigen Streit. Er war nämlich Alkoholiker. Und immer, wenn er betrunken war, sagte er Sachen, die ich ihm irgendwann nicht mehr verzeihen konnte und wollte. Ich versuchte, ihn zu ändern. Ich versuchte, ihm deutlich zu machen, was er sich selbst und seiner Familie antat. Ich vereinbarte Termine mit ihm, suchte mit ihm Beratungsstellen auf, aber nichts davon half. Irgendwann kostete mich all das zu viel Kraft und ich musste feststellen: Es ist eine Krankheit, eine Sucht. Und so beschloss ich, mich unter den Baum des Verlassens zu setzen. Ich hatte nicht mehr die Energie, meinen Onkel zu treffen, weil ich in ihm mein eigenes Versagen sah. Ich machte mir Vorwürfe, nicht genug getan zu haben. Das war sehr schwer für mich. Es fühlte sich an, als würde ich ihn aufgeben. Doch in Wirklichkeit traf ich eine Entscheidung für mich und mein Leben. Ich musste aus der Situation rausgehen und nahm unter dem Baum des Verlassens Platz.
Im Laufe der Jahre aber wechselte ich den Baum noch einmal und setzte mich unter den Baum der Akzeptanz. Inzwischen akzeptiere ich seine Krankheit. Ich akzeptiere ihn. Ich akzeptiere ihn mit seiner Krankheit. Ich weiß, dass er ein gutes Herz hat und dass er spürt, dass ich ihn liebe. Mein Wechseln von einem Baum zum anderen

klingt möglicherweise leicht, aber es hat sehr, sehr lange gedauert. Dafür musste ich viel an mir und mit mir arbeiten.
Komm wir lassen diese drei Bäume jetzt hinter uns, denn jetzt gibt es ja keinen Grund zum Jammern. Sie sind aber von nun an immer für dich da. Und wer weiß, vielleicht treffen wir uns ja künftig mal im Schatten eines dieser drei Bäume wieder?

Während unserer nächsten Schritte siehst du mir an, dass mich der Gedanke an meinen Onkel immer noch beschäftigt. Immer wieder wandert mein Blick von Baum zu Baum und ich hole tief Luft, so als würde ich versuchen, die Weisheit der Natur einzuatmen.

Weißt du, es ist auch deshalb so wichtig, dass wir für Klarheit in unserem Verhältnis zu anderen Menschen sorgen, weil wir sonst eine Enttäuschung oder einen unbemerkten Schmerz in die Beziehungen zu anderen Menschen weitertragen. Als meine allererste Freundin mich betrog, ging etwas in mir kaputt und ich fing an, allen Menschen zu misstrauen. Ich gab mir die Schuld und kam zu dem Entschluss, dass ich nicht liebenswert sei. Um mich selbst vor dem Schmerz zu schützen, der mich nie wieder heimsuchen sollte, misstraute ich jedem Menschen. Ich hatte ständig das Gefühl, dass jeder etwas gegen mich im Schilde führte. Andere bezeichneten mich als »kalt« oder »arrogant«, dabei war ich einfach nur erfüllt von Angst. Von der Angst, wieder betrogen zu werden. Von der Angst, wieder alleine dazustehen. Heute schenke ich den Menschen mein Vertrauen. Was sie damit machen, überlasse ich ihnen. Ich will mir selbst nämlich nicht von Anfang an die Chance auf erfüllte Beziehungen und Begegnungen nehmen. Und wer mir wehtut, der tut in erster Linie sich selbst weh.

Als ich diese Worte ausspreche, liegt auf dem kleinen Feldweg, den wir gerade entlanglaufen, eine Feder. Die Farbe der Feder zu beschreiben ist gar nicht so einfach. Sie glänzt grau und wenn die Sonne in einem bestimmten Winkel auf sie trifft, schimmert sie leicht violett. Ich hebe die Feder auf und gebe sie dir.

Hier, halte mal bitte diese Feder, die ein Symbol für etwas ist, mit beiden Händen fest. Und jetzt nimm mich mal in die Arme ... Schwierig, oder? Misstrauen macht das Leben schwer. Es loszulassen erleichtert dein Leben. Diese »Misstrauens-Feder« ist zwischen uns und verhindert, dass wir uns berühren und in die Arme nehmen können – was echt schade ist, weil ich gestern extra geduscht habe. Also komm, lass die Feder los und lass dich drücken.

Die Feder schwebt wie in Zeitlupe zu Boden und wir genießen unsere innige Umarmung.

Okay, lass mich los. Reicht jetzt mit Drücken. Wir müssen weiter. Mit dem Loslassen und der Verbindung zu anderen Menschen ist das übrigens so eine Sache. Weißt du, ich habe früher viele Menschen gedrückt und dachte, nur weil ich mit vielen Menschen zusammen bin, kann ich nicht einsam sein. Aber wenn das Herz sich nicht öffnet und keine echte Verbindung zum anderen entsteht, ist das ein großer Irrtum. In solchen Momenten habe ich sogar die schlimmste

Einsamkeit überhaupt gespürt. Nicht das Alleinsein macht einsam, sondern von den falschen Menschen umgeben zu sein, ist das Einsamste auf der Welt.

Heute weiß ich: Es geht nicht darum, dass wir von möglichst vielen Menschen umgeben sind oder dass immer irgendetwas los ist. Sondern wichtig ist, ob die Verbindung zu einem anderen Menschen aufrichtig ist und ob du auf gute Weise in Kontakt mit dir selbst bist. Deshalb weiß ich auch: Ich bin nicht allein. Du bist nicht allein. Wir sind nie allein. Und wir haben jetzt ja auch uns. Das kann uns niemand mehr nehmen.

4

UND JETZT DU …

WELCHE MENSCHEN IN
DEINEM UMFELD BILDEN DEN NÄHRBODEN,
IN DEM DU WACHSEN KANNST?

- Trage die Namen ein und ein Stichwort, warum sie dir so guttun.

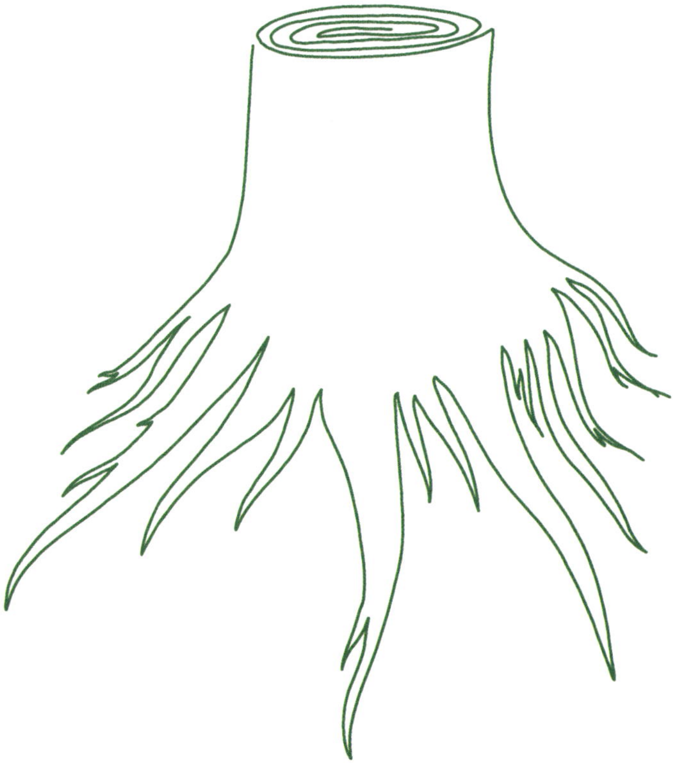

EIN PAAR SCHRITTE ZUM INNEREN KIND

Die Sonne beginnt allmählich zu sinken, sodass die Schatten der Bäume länger und länger werden und das Licht eine weiche, samtige Qualität annimmt. Etwas Magisches liegt in der Luft. Hinter einem Busch taucht ein kleines Eichhörnchen auf, um unseren Weg zu überqueren, im Maul eine ansehnliche Walnuss. Als es uns sieht, hält es erschrocken inne und verschwindet dann blitzartig wieder hinter seinem Busch.

Lass dich noch mal umarmen. Ich weiß nicht, ob du es merkst, aber mit dieser Umarmung gebe ich dir ganz viel Energie und Liebe. Wir haben jetzt nämlich ein besonderes Wegstück vor uns. Der Ort, den wir gleich erreichen, ist wirklich sehr emotional und berührend. Wenn du es zulässt. Die Zeit, die wir bisher auf diesem Spaziergang miteinander verbracht haben, ist für mich wirklich etwas Besonderes und ich bin so froh über das Vertrauen, das zwischen uns herrscht. Ohne dieses Vertrauen würde ich mit dir auch nicht an diesen Ort gehen, den ich immer mal wieder besuche. Es ist eine Hütte. Klingt jetzt vielleicht nicht so aufregend, aber diese Hütte kann Leben retten. Das klingt schon spannender, oder? Ich kann wirklich behaupten, dass diese Hütte mein Leben gerettet hat und dass sie genau diese Kraft für viele Menschen besitzt. Von außen betrachtet ist sie nicht wirklich spektakulär, aber drinnen wartet ein ganz besonderer Mensch auf dich. Schon bald wirst du wissen, wen ich damit meine. Also, ich brauche jetzt wirklich dein vollstes Vertrauen und ich möchte, dass du dich ganz auf diese Begegnung in der Hütte einlässt. Sie kann Wunder in dein Leben bringen. Und du weißt ja: Wenn du an Wunder glaubst, kannst du viel gewinnen und nur wenig verlieren.

Unser Weg führt uns an einem kleinen Fluss entlang, dessen Plätschern fast so klingt, als wenn uns eine Menschenmenge auf dem Weg zu unserem Ziel applaudieren würde.

Ich glaube, ich habe mich eben falsch ausgedrückt, als ich sagte, dass diese Hütte und die Begegnung in ihr Leben retten können. Wenn ich darüber nachdenke, dann impliziert diese Formulierung eine Trennung zwischen uns und dem Leben. »Sie hat mein Leben gerettet«, »Er hat sein Leben verloren.« Dabei können wir nicht retten oder verlieren, was wir selbst sind. Wenn ich dich anschaue, dann sehe ich das pure Leben. Ich kann nicht dich sehen und das Leben sehen. Du bist Leben. Und wenn ich von »meinem« Leben spreche, steckt darin auch noch in anderer Hinsicht eine Trennung. Dieser Gedanke trennt mich von anderen Menschen und anderen Lebewesen. Er trennt mich von den Bäumen und den Pflanzen hier. Denn wenn es »mein« Leben gibt, muss es ja auch »dein« Leben und das Leben der Bäume geben. Doch wir sind eins. Wir Menschen sind mit den Pflanzen und den Tieren verbunden – in dem einen großen Leben. Falls dieser Gedanke dir etwas fremd ist und du ihn noch nicht so fühlst, ist das kein Problem. Es wird einen Moment in deinem Leben geben, da erreicht dieser Gedanke dein Herz und du wirst dich wundern, wie du das jemals anders sehen konntest.

Übrigens tust du mir gut. Das wollte ich dir einfach mal sagen. Und jetzt sage nicht, du gehörst zu den Menschen, die Komplimente nicht gut annehmen können. Ich konnte das früher auch nicht. Und heute immer noch nicht besonders gut. Aber es wird besser, ich arbeite daran. Lass uns deshalb einen Pakt schließen. Wenn wir uns auf diesem Spaziergang ein Kompliment machen, darf der andere nur auf drei Arten antworten: »Danke«, »Vielen Dank« oder »Kannst du mir das noch mal sagen?« Abgemacht? Perfekt. Und weißt du was? Du tust mir gut!

Warte mal, ich möchte mir mal kurz die Nase putzen.

Ich krame in meiner Hosentasche nach einem Taschentuch, dabei fällt eine 1-Euro-Münze heraus und landet auf dem Boden.

Ach, Mist, jetzt ist diese Münze auf den Boden gefallen. Kannst du sie eben für mich aufheben, während ich mir die Nase putze? Danke dir. Eigentlich hätten wir sie ja auch liegen lassen können, oder? Ich meine, sie lag auf dem Waldboden und ist dadurch ja auch etwas schmutzig geworden. Komisch, dass wir sie wieder aufgehoben haben. Findest du nicht? Natürlich findest du das nicht komisch. Ich übrigens auch nicht. Wir machen die Münze schnell sauber und stecken sie dann wieder ein, denn wir wissen: Auch wenn die Münze auf dem Boden lag, hat sie ihren Wert nicht verloren. Sie ist immer noch einen Euro wert.

Vertraue darauf,
dass du niemals deinen
Wert verlierst.

Bei so einem simplen Beispiel verstehen wir das sofort, aber bei uns selbst vergessen wir das leider manchmal. Du, ich, jeder Mensch lag schon mal am Boden. Und im Laufe unseres Lebens wird das vermutlich noch mal vorkommen. Deshalb versprich mir bitte eins: Egal, was dir passiert, egal, ob du am Boden liegst und dich ganz klein und mies fühlst – vertraue darauf, dass du niemals deinen Wert verlierst! Gib dir einen Moment, um das zu verinnerlichen. Du bist ein unfassbar wertvoller Mensch und mit Geld sowieso nicht aufzuwiegen. Vergiss das niemals! Und jetzt such dir aus, ob du dich für diese Bemerkung bei mir bedankst oder sie noch mal hören willst. Mein Opa in Indien hat einmal zu mir etwas gesagt, das übersetzt in etwa heißt: »Wenn du am Boden liegst, dreh dich auf den Rücken. Dann kannst du die Sterne angucken, bis du die Kraft hast, wieder aufzustehen.« Ich liebe das Bild, das bei diesen Worten in mir ent-

steht. Und das mache ich tatsächlich. Inzwischen ist mein Opa selbst zu einem dieser Sterne geworden, die mir am meisten Kraft spenden. Dein wahrer Charakter zeigt sich in der Art und Weise, wie du auf Probleme reagierst und dich in den Zeiten verhältst, in denen es dir nicht so gut geht. Es ist leicht, sich wertvoll zu fühlen, wenn alles glattläuft, wenn keine Stolpersteine auf unserem Weg liegen. Erinnere dich immer daran, dass dein Wert nichts mit deinen Lebensumständen, deiner Herkunft, deinem Aussehen, deinem Beruf oder deinem Gehalt zu tun hat. Auch gibt es keinen Menschen, der mehr oder weniger wert ist als du. Je mehr du dir deines Wertes bewusst bist, desto mehr Wert kannst du deinem Leben verleihen.
Und es ist unsere Aufgabe, jedem Menschen, der am Boden liegt, die Hand zu reichen. Es gibt nämlich viele Menschen, die liegen bleiben, weil sie keine Kraft mehr haben, aufzustehen. Es ist die Pflicht jedes Menschen, andere Menschen an ihren Wert zu erinnern. Sei es durch ein gutes Wort, sei es durch eine liebevolle Tat, sei es durch ein Lächeln. Auch dazu sollten wir einige der Sekunden unseres Zeitkontos nutzen. Als es mir mal nicht gut ging und Menschen sich Zeit für mich genommen haben, dachte ich mir: »Diese Menschen sind so toll, so wertvoll. Wenn sie sich Zeit für mich nehmen, dann muss ich wohl auch wertvoll sein…«
Andere Menschen können uns also in unserem Wert bestärken, ansonsten wirst du nichts im Außen finden, das deinen Wert erhöht. Als Kind habe ich das aber noch gedacht. Ich erinnere mich an ein Karnevalsfest in der Grundschule. Schon Wochen vorher sprachen die Kinder darüber, welche Verkleidung sie sich kaufen würden. Ich wollte unbedingt ein Spiderman-Kostüm haben. Weil wir nicht so viel Geld hatten, sagten meine Eltern, dass wir das Kostüm nicht kau-

fen könnten. Ich war total traurig und habe so geweint, auch wenn ich meine Eltern verstehen konnte.
Als der Tag des Festes kam, hatte ich noch immer kein Kostüm. Dann aber holte mein Vater meinen Kommunionsanzug aus dem Schrank und sagte mir, ich solle ihn anziehen. Ich verstand nicht so ganz warum, tat es aber trotzdem. Als ich dann in meinem Anzug vor dem Spiegel stand, beugte er sich zu mir herunter und sagte mit einem Lächeln: »So mein Junge, jetzt bist du James Bond!«. Wir beide lachten so laut, dass meine Mutter ins Zimmer gelaufen kam und wissen wollte, was los war. Auch sie fing an zu lachen, als ich ihr sagte, wer ich plötzlich geworden war. Auf dem Faschingsfest gab es mehrere Spidermans, aber nur einen James Bond. Ich hatte einen wunderschönen Tag und verstand, dass mein Wert und mein Glück nicht vom Außen abhängen, sondern mein Geburtsrecht sind.
Wie aber kommt es überhaupt dazu, dass wir uns wertlos fühlen? Dass uns das Gefühl der Sinnhaftigkeit, der Verbundenheit und der Wertschätzung fehlen, die wir für unser Wohlbefinden brauchen?

In dem Moment fällt uns beiden ein Jasminstrauch auf, der ein paar Meter entfernt am Wegesrand steht. Er wirkt kränklich, was wohl unter anderem an seinen verwelkten Blättern liegt.

Oje, der arme Jasmin. Er sieht ganz vertrocknet aus. Sicherlich würde er wieder aufleben, wenn er Wasser und ein paar Nährstoffe bekäme. In Momenten, in denen wir uns wertlos fühlen, sind wir genau wie diese Pflanze. Wir sind schlapp und uninspiriert. Manchmal ist das ein schleichender Prozess: Wir haben über längere Zeit nicht die richtigen Nährstoffe zu uns genommen, sodass wir uns irgendwann schlecht fühlen oder sogar am Boden liegen. Lass es dazu gar nicht erst kommen. Wenn dir zum Beispiel Dinge keinen Spaß machen, ich meine, über einen langen Zeitraum hinweg, musst du irgendetwas ändern. Das gilt für so ziemlich alles im Leben. Und dann liegt die Entscheidung bei dir. Du kennst ja jetzt unsere drei Bäume: Akzeptanz, Veränderung und Verlassen. Wenn mir etwas nicht gefällt, laufe ich wenn möglich schnurstracks zum »Baum der Veränderung«. Dann muss ich etwas ändern.

Vielleicht heißt das, dass ich neue Dinge ausprobiere, die mich mehr mich selbst und meinen Wert spüren lassen. Und je mehr neue Dinge ich ausprobiere, desto weniger Angst habe ich davor, etwas Neues auszuprobieren. Frage dich von Zeit zu Zeit einfach mal selbst: »Wann habe ich das letzte Mal etwas Neues ausprobiert?«

Freue dich auf die
kleinen Dinge und du wirst
mit einer ganz anderen Energie
durch den Tag spazieren.

Und schenke dir hin und wieder die Freiheit, nur ein paar Minuten lang, das zu tun, was du sehr gerne magst. Du wirst merken, wie sich deine gesamte Stimmung verändert. Eine alte indische Weisheit lautet: »Wenn etwas Spaß macht, dann mache mehr davon.« Okay, das ist eigentlich ein Zitat von Benjamin Blümchen, aber ich dachte, wenn ich sage »alte indische Weisheit« dann spitzt du deine Ohren noch ein bisschen mehr. Also: »Wenn etwas Spaß macht, dann mache mehr davon! Törööö!«

Warte aber nicht damit. Jetzt ist immer der beste Zeitpunkt. Viele warten auf »irgendwann« und merken dann, dass »irgendwann« immer ein Zeitpunkt in der Zukunft bleiben wird. Und manchmal wird aus »später« auch »zu spät«. Unser Zeitkonto wird irgendwann für immer gelöscht. Meistens ohne Vorankündigung. Jedes Mal, wenn wir einen Menschen begrüßen, könnte es die letzte Begrüßung sein. Jedes Mal, wenn wir einen Menschen verabschieden, könnte es die letzte Verabschiedung sein. Jede Umarmung könnte die letzte Umarmung sein. Jeder Kuss könnte der letzte Kuss sein. Das ist keine Übertreibung, sondern eine ganz rationale Bemerkung. »Irgendwann« wird es definitiv die letzte Begrüßung, Verabschiedung, Umarmung und der letzte Kuss sein. Nimm dir Zeit für die Menschen, die dir wichtig sind, bevor die Zeit sie dir nimmt.

Während wir weitergehen, überlege ich, welche Sachen mir viel Spaß machen, die ich schon viel zu lange nicht mehr gemacht habe. Und mir scheint, dass auch dich diese Frage umtreibt. Als wir um eine Kurve biegen, sehen wir in einiger Entfernung eine kleine, schlichte Hütte stehen. Sie hat schon ein paar Jahre auf dem Buckel und wirkt auf anziehende Weise verträumt. In mir steigt Vorfreude auf. Ich sehe uns schon beide an der Hütte und dieser Gedanke schenkt mir ein Lächeln.

Es ist wirklich erstaunlich, wie sich meine Energie verändert, wenn ich mich auf etwas freue. Deswegen freue ich mich jeden Tag auf irgendetwas. Sei es ein leckerer Nachtisch, ein Telefonat mit einem alten Freund, eine Runde um den See, eine heiße Dusche oder ein

Song, den ich dann beim Duschen mitsinge. Freue dich auf die kleinen Dinge und du wirst mit einer ganz anderen Energie durch den Tag spazieren. Sich auf etwas zu freuen heißt nicht, dass wir den gegenwärtigen Moment außer Acht lassen. Es ist eher wie eine kleine »Gedanken-Massage«, die wir uns ab und zu gönnen sollten. Massagen sind übrigens deshalb so wohltuend, weil sie uns gleichzeitig beleben und entspannen.

Meine ganz persönliche Gedankenmassage besteht darin, dass ich mir immer wieder klarmache, dass nichts im Leben selbstverständlich ist. Wenn ich als Kind zu Besuch bei meinen Großeltern in Indien war, habe ich mich abends immer an ihrem Brunnen gewaschen, weil sie keine Dusche hatten. Mein Vater stand mit einer Taschenlampe daneben, da zu dieser Zeit oft der Strom im ganzen Dorf abgestellt wurde. Damals war das für mich immer ein großes Abenteuer, zugleich habe ich mich zurück in Deutschland wieder sehr über fließendes Wasser und die Beleuchtung im Bad gefreut. Heute erinnere ich mich jeden Morgen unter der Dusche daran. Ich verinnerliche, dass nichts selbstverständlich ist, und überlege mir, worauf ich mich alles freue. Und immer, wirklich immer fällt mir etwas ein, worauf ich mich freuen kann.

Die Hütte, die eben noch ganz klein wirkte, befindet sich nun unmittelbar vor uns. Sie ist irgendwie niedlich. Efeu rankt an ihren Wänden empor und rahmt die Fenster ein, und es gibt einen schönen Holzbalkon, den man von außen betreten kann. Die Hütte wirkt auf uns sehr einladend.

DEIN WERT
und
DEIN GLÜCK
hängen nicht
vom Außen ab,
sondern sind
DEIN
GEBURTSRECHT.

Warte einen Moment, wir wollen die Hütte noch nicht sofort betreten. Lass uns zunächst einmal um sie herum gehen. Spürst du auch die Energie, die von ihr ausgeht? Das, was dir bevorsteht, ist eine Begegnung, die unfassbar emotional und wichtig sein kann, wenn du dich auf sie einlässt. Es ist immer okay, wenn sich dein Verstand meldet. Aber für diese Begegnung brauchst du weniger deinen Verstand. Du musst vielmehr dein Herz öffnen. Komm hier ans Fenster, ich möchte, dass du einmal in dieses Zimmer schaust. Unsere Begegnung ist bereits da.

Du blickst hinein und siehst ein Kind, vielleicht ist es sechs Jahre alt. Es kommt dir so unfassbar bekannt vor, aber eigentlich kann das nicht sein … Du siehst nämlich dich selbst als Kind. Dir wird kalt und warm zugleich. Erstaunen überkommt dich. Aber dein erster Impuls ist, dass du dieses Kind in den Arm nehmen möchtest.

Ja, das bist du. Frag mich nicht, wie das möglich ist. Ich glaube, es liegt an deinem Vertrauen, deiner Fantasie, deiner Verletzlichkeit und vielleicht auch an einem kleinen Wunder, das sich hier gerade ereignet. Vielleicht kommt dir das Zimmer, in dem das Kind spielt, bekannt vor? Es ist dein altes Kinderzimmer. Alles ist noch so, wie du es in Erinnerung hast. All die großen Dinge sind noch da und wenn du genau hinschaust, siehst du auch die vielen kleinen Dinge, die das Zimmer zu deinem Zimmer gemacht haben. Lass uns erst mal ein wenig zuschauen. Lass uns dir beim Spielen zuschauen, bei Dingen, die du als Kind immer so gerne gemacht hast. Kannst du es sehen? Kannst du dich sehen?

Und so stehen wir beide vor dem Fenster und sehen, womit du dich als Kind gerne beschäftigt hast. Du nimmst deine glänzenden Kinderaugen wahr und erinnerst dich, wie viel Liebe du in diesen Momenten immer gespürt hast.

Vielleicht fragst du dich, warum wir jetzt hier sind. Vielleicht fragst du dich, warum du dir selbst in dieser Hütte begegnest. Dieses Kind, das du dort siehst, ist dein inneres Kind. Es spiegelt die Erinnerungen, Erfahrungen und Gefühle, die dich damals geprägt haben und dich immer noch prägen. Deshalb kann diese Begegnung so viel Heilung auslösen. Das Leben wird ja vorwärts gelebt und rückwärts verstanden. Jetzt gerade wird in dieser Hütte ein bestimmter Teil deines Lebens gelebt. Heute könnten wir ihn verstehen, wenn wir wollten, wenn wir uns darauf einließen.

Weißt du, warum dir als Kind bestimmte Dinge mehr Freude gemacht haben als andere? Weil bestimmte Dinge dein Herz berührt haben. Und das erste, was im Leib deiner Mutter von dir entstand, war dein Herz. Das Herz ist am Anfang unseres Lebens das, was zählt. Doch mit der Zeit wurde dir als Kind, wie fast allen Kindern, verboten, nur auf dein Herz zu hören. »Sei kein Träumer.« »Das Leben ist nicht einfach.« »Du schaffst das nicht.« »Du bist nichts Besonderes.« Solche Sätze hat jeder von uns als Kind gehört. So auch das Kind, das du hier gerade siehst. Vielleicht waren es Sätze der Eltern oder der Lehrer, Sätze von Bekannten oder Menschen aus der Familie. Und irgendwann wurden diese Stimmen lauter als deine eigene innere Stimme. Du hast irgendwann gedacht: »Wenn so viele Menschen das sagen, wenn so viele Menschen so denken, wenn sogar Menschen so denken und so etwas sagen, die viel älter und erfahrener als ich sind und die ich sogar liebe – warum sollte ich das überhaupt anzweifeln?!«

Weißt du, warum du als Kind gerade so lachst? Weil du glücklich bist. Du *bist* glücklich. Du musst es nicht erst werden. Ja, wir können gar nicht glücklich *werden*. Wir können nur glücklich sein. Wenn ich Menschen sehe, die diesen Glanz verloren haben, den du da beim Spielen im Gesicht hast, liegt es häufig daran, dass sie zu dem Menschen geworden sind, den andere wollten, und nicht zu dem, der sie selbst sein wollten. Sie denken, aber es sind nicht ihre Gedanken. Sie betrachten die Welt, aber sie sehen sie durch die Augen anderer Menschen. Sie sprechen, aber es sind nicht ihre Sätze. Sie fühlen ... und es sind ihre Gefühle. Aber sie kommen ihnen fremd vor. Sie machen ihnen manchmal sogar Angst.

Jedes Mal, wenn ihr Herz zu ihnen sprechen will, werden sie unsicher. Sollen sie zuhören oder weghören? Die Sprache des Herzens klingt so vertraut. Doch immer dann, wenn sie kurz davor sind, taub zu werden für die Gedanken, die Sichtweisen und die Stimmen anderer, flüchten sie doch wieder in dieses vertraute Gebilde, das ihnen andere vorgeben. Es macht sie nicht glücklich, aber auch nicht so unglücklich, dass sie anfangen, etwas zu verändern.

Schau dich an: diese Leichtigkeit in dir als Kind. Diese Liebe in dir. Was außer purer Liebe und grenzenloser Freude solltest du verdient haben? Diese Dinge können nicht enden, weil du genau das bist: reine Liebe! Es ist wirklich erstaunlich und traurig, wie viele unzufriedene Eltern versuchen, ihre glücklichen Kinder dazu zu bringen, ihre Unzufriedenheit zu teilen. Sie tun das aus ihrem Schmerz heraus. Selbst die Eltern des Kindes, das du gerade in dieser Hütte siehst, wussten nicht, was das Allerbeste für ihr Kind ist. Sie konnten nicht fühlen, was das

Kind gefühlt hat. Sie haben es versucht, aber dieses Kind ist ein eigenständiger Mensch mit eigenen Gefühlen und Gedanken. In seiner Einzigartigkeit ist es unvergleichbar. Es muss nichts tun, um glücklich zu sein. Es muss nur Dinge weglassen, die es unglücklich machen.

Wir müssen wissen,
woher wir kommen, um zu fühlen,
wer wir sind, und dann zu bestimmen,
wohin wir möchten.

Und irgendwann fing dieses Kind an – so wie jedes Kind es tut, so wie auch ich es als Kind tat –, gewisse Gefühle zu unterdrücken. Es fing an, Gefühle zu unterdrücken, statt ihnen Raum zu geben. Jungen wird erzählt, dass sie bloß keine Schwäche zeigen sollten. Mädchen lernen, wie sich Mädchen zu verhalten haben. Wenn man diese Gedanken denkt, genauer gesagt: wenn man diese Gedanken anderer Menschen denkt, und zwar immer und immer wieder, werden sie zu Überzeugungen. So ging es auch mir. Irgendwann konnte ich lautstark behaupten, wie sich Jungs zu verhalten haben. Irgendwann glaubte ich diese Geschichte. Sie wurde, ohne dass ich es merkte, zu meiner Geschichte. Aber nur weil viele Menschen etwas denken, macht es die Geschichte nicht wahrer. Halte doch einmal inne und überlege für dich: Was wurde zu deiner Geschichte? Was wurde zur Geschichte dieses Kindes, dem du gerade durchs Fenster zuschaust? Wir alle bekommen, wenn wir jung sind, das »So ist das Leben«-Handbuch, in dem solche Geschichten stehen. Ich glaube, dass ich als Kind teilweise auch froh war, dieses Buch zu haben. Denn ich verstand schnell, dass mir nichts passieren konnte, wenn ich mich an das hielt, was in dem Buch stand. Ich wurde nicht angefeindet, denn »meine Meinung« war ja die Meinung vieler. »Meine Gedanken« waren die Gedanken vieler. Nach der Lektüre des »So ist das Leben«-Handbuchs war die Wahrscheinlichkeit, verletzt zu werden und alleine dazustehen, nicht so groß.

Schau mal in dein altes Kinderzimmer. Dort drüben, da liegt das Buch. Welche Sätze stehen in deiner Ausgabe? Von wem stammen sie? Und welche Sätze daraus stehen vielleicht noch heute zwischen dir und deinem Glück? Nimm dir ruhig Zeit…

Einer der prägenden Sätze aus meinem Handbuch lautet: »Das Leben ist hart!« Mein Vater hat ihn mit seiner schönsten Schrift in das Handbuch eingetragen. Warum? Weil er es nie leicht hatte. Er war in Indien in Armut aufgewachsen, seine Familie kannte den Hunger. Und später in Deutschland war es für ihn als Einwanderer natürlich auch nicht leicht. Was hätte er also sonst in mein Handbuch schreiben sollen? Wenn das Leben aber hart ist, ist es schwer, Vertrauen zu fassen; Mitmenschen werden zu Konkurrenten; Leichtigkeit gilt als Leichtsinn; Liebe wird womöglich zur Gefahr. So hat jeder von uns seine Prägungen.

Schau mal, auf der Tapete deines alten Kinderzimmers steht etwas geschrieben. Es sind zwei Wörter, die über viel Freud und Leid im Leben entscheiden. Sie lauten: »Ich bin …«

Schweigend blicken wir einen Moment auf diese zwei Wörter. Sie sind deutlich an der Wand deines früheren Kinderzimmers zu erkennen. Und es ist eigenartig: Sie stehen da geschrieben und etwas in uns möchte diesen Satz unbedingt beenden.

In Wahrheit sind es natürlich nicht diese beiden Wörter, die über Freud und Leid entscheiden, sondern die Art und Weise, wie wir sie für uns ergänzen. Schau dich an als Kind. Du wirst Dinge erleben. Du wirst Erfahrungen machen. Manche werden sich gut anfühlen, andere weniger gut. Und diese Erlebnisse und Erfahrungen bestimmen darüber, wie du diese beiden Wörter ergänzt.
Vielleicht erinnerst du dich: Plötzlich hast du angefangen, diesen Satz an der Wand zu vollenden. Man hat dir gesagt, du seist nicht gut im Sportunterricht. Auf einmal stand an der Wand geschrieben: »Ich bin unsportlich.« Dir wurde das Herz gebrochen und auf einmal stand da geschrieben: »Ich bin nicht liebenswert.« Du fingst an dich zu vergleichen und plötzlich stand da geschrieben: »Ich bin nicht gut genug.« Diese Sätze waren keineswegs irgendwelche Ausreden, sondern sie waren gefühlt absolut wahr. Außerdem – das klingt jetzt vielleicht etwas merkwürdig – hat diese Art von Sätzen eine ganz konkrete Funktion. Sie schützt uns vor negativen Gefühlen, weil wir durch sie plötzlich eine Erklärung haben für Situationen, in denen wir uns schwertun. Übrigens habe ich einen Eimer Farbe dabei. Wir können nachher noch frischen Wind ins Kinderzimmer bringen. Ein paar Sätze überstreichen und bunte, frohe Sätze schreiben.
Weißt du, welcher Satz lange Zeit an meiner Wand prangte? »Ich bin schüchtern!« Glaub es mir oder glaub es mir nicht, aber dieser Satz stand tatsächlich da. In großen, fetten Buchstaben. Wie kam der Satz dorthin? Ganz einfach, mein Herz wurde gebrochen. Einmal, zweimal, dreimal. Ich war noch klein; ich konnte diesen Schmerz nicht ertragen; ich wollte diesen Schmerz nicht ertragen. Ich entschied mich, meine Gefühle nicht mehr nach außen zu tragen. Ich

entschied mich, nicht mehr auf andere Menschen zuzugehen. Zu groß war die Angst, dass der Schmerz zurückkehrt. »Ich bin schüchtern« war geboren. »Biyon, sprich sie doch mal an.« »Nein, ich bin schüchtern.« »Biyon, willst du vielleicht den Vortrag halten?« »Nein, ich bin schüchtern.« Und irgendwann glauben die Menschen in deinem Umfeld die Sätze, die an deiner Wand stehen, weil du sie mit so viel Überzeugung immer wieder ins Leben trägst.

Du kannst bestimmte Dinge besonders gut. Tu sie. Tu sie immer wieder.

Vielleicht hast du inzwischen Sätze entdeckt, die dich geprägt haben. Von einigen weiß man auch nicht genau, woher sie stammen. Das ist nicht schlimm. Wichtig ist nur, dass du in dich hineinfühlst und spürst, was dich heute noch zurückhält. Auch nach unserem Spaziergang werden dir solche Sätze in vielen Momenten begegnen. Vielleicht werden sie dir als ein Satz begegnen, der aus deinem Mund kommt. Vielleicht als eine Handlung, die eigentlich gar nicht zu dir passt. Vielleicht als eine Träne, als Blick im Spiegel oder als plötzliche Reaktion von dir. Hinter jeder unserer Reaktionen steckt eine Überzeugung. Werde dir ihrer bewusst. Und wenn du nicht dahinterstehst: Du kannst jederzeit das »So ist das Leben«-Handbuch umschreiben, so wie es dir passt. Es ist dein Handbuch, weil es dein Leben ist. Die größte Herausforderung besteht für jeden von uns darin, neue Antworten zu finden und unser eigenes Buch zu schreiben. Siehst du dich, wie du als Kind gerade ins Bett gehst? In dein altes Kinderbett, in dem du so viel geträumt hast? Die Welt war so groß, genau wie deine Träume. Wovon träumst du da gerade? Erinnerst du dich noch an die Träume, die du damals hattest? Du bist mit ihnen eingeschlafen, mit ihnen aufgewacht. Einige Menschen haben geträumt und sind liegen geblieben. Andere sind aufgestanden und haben angefangen, ihre Träume zu leben.

Und wie ist es heute bei dir? Hast du dir verboten zu träumen? Wann hast du dir verboten zu träumen? Ich habe die Erfahrung gemacht, dass wir uns manchmal Dinge verbieten, dann erkennen, dass wir uns das nicht verbieten sollten, und es uns dann auf einmal möglich wird, uns diese Dinge wieder, erlauben. Vermutlich gibt es auch in dir Träume, die du nicht umgesetzt hast. Aber solange du lebst, ist es möglich, etwas zu tun, wofür dein Herz schlägt. Es ist nie zu spät, sich wieder daran zu erinnern, mit welchen Hoffnungen und Träumen du als Kind eingeschlafen bist. Und im Grunde es geht nicht um den Traum an sich, sondern um die große Frage, was hinter diesem Traum steht.

Ich schlief früher in einem alten Etagenbett mit meinem großen Bruder über mir. Ich habe so oft geträumt, dass ich eines Tages Astronaut sein würde. Irgendwo im All, schwerelos, auf den Planeten Erde blickend. Ja, gut, das war mit meiner Höhenangst von vornherein etwas schwierig und wie du weißt, bin ich kein Astronaut geworden ... Wirklich nicht? Also, ich fühle mich oft so. Lass mich dir das bitte kurz erklären. Was war mein Motiv für diesen Traum? Ich wollte frei sein! Schwerelosigkeit bedeutete für mich Freiheit. Neue Welten zu erkunden bedeutete für mich, der Welt einen Dienst zu erweisen. Die Erde zu erblicken stand für mich für grenzenloses Denken und Handeln. All das beschreibt meinen heutigen Alltag recht treffend. Und so bin ich jeden Tag ein kleiner Astronaut auf seiner Reise.

Auch wenn andere Menschen das vielleicht nicht so sehen mögen, trübt das meine Freude daran in keiner Weise.

Siehst du dich als Kind in deinem Bett liegen? Ich sehe mich oft in meinem Kinderbett liegen, neben meinem großen Michael-Jordan-Poster. Und dann frage ich mich, wen ich in diesen Momenten gebraucht hätte. Wer hätte mir und meinen kindlichen Träumen Auftrieb gegeben? Welchen Menschen hätte ich gerne an meiner Seite gehabt? Welche Eigenschaften hätte dieser Mensch haben sollen? Hätte er mir nur gut zuhören sollen? Hätte ich seinen Ratschlag gerne gehört? Welche Aura hätte ihn umgeben sollen?

Kannst du dir diesen Menschen ungefähr vorstellen? Vielleicht kannst du ihn dir sogar sehr konkret vorstellen ... Und wenn du ein Gefühl für diesen Menschen bekommst, dann werde zu diesem Menschen! Sei jetzt der Mensch, den du damals gebraucht hättest. Wenn ich heute gefragt werde, wer mein größtes Vorbild ist, dann antworte ich immer, dass es meine Mama sei. Ich küsse wirklich den Boden, auf dem sie läuft. Aber es gibt noch eine andere Antwort auf diese Frage: Ich! Ich in zehn Jahren. Oder ich in zwei Jahren. Das spielt keine Rolle. Und wenn ich dann wieder gefragt werde, werde ich die gleiche Antwort geben. Kannst du diese Antwort jetzt auch geben? Wie fühlt sich das für dich an?

Ich weiß nicht, wie es dir als Kind ging, aber ich habe oft gebetet und gehofft, dass das Leben leichter wird. Ich habe mir gewünscht, dass sich die Menschen anders verhalten mögen. Ich habe gehofft, dass, wenn ich morgen aufwache, die Stolpersteine auf meinem Weg verschwunden sein würden. Ich wachte auf und das Leben war nicht leichter, die Menschen waren so wie vorher und die Stolpersteine waren immer noch da.

Und dann bin ich wirklich aufgewacht. Ich habe erkannt, dass das Leben nicht leichter werden muss, sondern dass ich stärker werden sollte. Ich habe erkannt, dass andere Menschen sich nicht ändern müssen, sondern dass ich mich ändern muss, wenn ich etwas verändern möchte. Wenn du an deine Träume oder Ziele denkst, dann frage dich nicht, was alles passieren müsste, damit du es irgendwie und mit letzter Kraft schaffst, sondern frage dich: »Wie muss ich werden, dass es mir leichtfällt, es zu schaffen?« Und dann sei offen für Veränderung, für deine Veränderung. Habe Vertrauen. In das Leben. In deine Schritte. In deinen Weg. In dich.
Lass uns einen Zettel schreiben und durchs Fenster in das Zimmer werfen: mit einer Botschaft, die du jetzt deinem sechsjährigen Ich gerne mitteilen würdest. Du kannst auf diesen Zettel schreiben, was du möchtest. Lass einfach dein Herz entscheiden. Hier sind ein Zettel und Stift. Nimm dir alle Zeit und schreib es auf.

Du nimmst den Zettel und den Stift, wirst ganz still, schließt die Augen, öffnest sie wieder und dir ist klar, was du zu schreiben hast ...

Wunderbar. Und bevor du diesen Zettel jetzt in das Zimmer wirfst, möchte ich dich noch um eine Sache bitten. Zerknüll den Zettel. Vielleicht denkst du: »Aber warum? Dieser schöne, glatte Zettel!« Genau das habe ich als Kind auch immer gedacht. Ich wollte keine Falte und keinen Knick haben. Ich wollte immer dieser glatte Zettel bleiben. Jeder Schmerz brachte mir aber einen kleinen Knick. Jeder Liebeskummer einen weiteren. Jede Enttäuschung zerknüllte mich noch etwas mehr. Die Falten, die Ecken, das Zerknülltwerden ... all das gehört zum Leben dazu. Wenn das nicht wäre, hätten wir auch kein Zeichen davon, dass wir überhaupt gelebt haben. Also knick den Zettel so richtig und zerknülle ihn dann. Außerdem: Wenn du den Zettel einfach so wirst, fliegt er nicht weit. Vielleicht einen Meter oder er würde wegen des Windes wieder zu dir zurückkehren. Jetzt, wo er zerknüllt ist, kann er viel, viel weiter fliegen. Also los, lass deine Botschaft fliegen!

Du wirfst den Zettel in das Zimmer. Und auch wenn es sich nur um eine ganz simple Tat von dir handelt, ist sie dir wirklich wichtig! Du fühlst nämlich, wie wichtig es war, genau diese Worte aufzuschreiben.

Ich weiß nicht genau, was ich mir in diesem Moment selbst aufgeschrieben hätte ... obwohl, doch! Etwas, das ich lange Zeit nicht wusste und das mir auch lange niemand anders gesagt hat: »Du kannst bestimmte Dinge besonders gut. Tu sie. Tu sie immer wieder.« Ja, das hätte ich auf meinen Zettel geschrieben. Denn ich habe als Kind viel Energie für Dinge aufgewendet, die mir nicht lagen. Ich war zum Beispiel immer sehr schlecht im Malen. Und was habe ich gemacht? Ich habe versucht, besser zu malen. Wurde ich besser? Nein. Hatte ich es geahnt? Ja. Es gibt Dinge, die kannst du gut – und es gibt Dinge, die können andere gut. Werde dir selbst bewusst, was du gut kannst, und dann kümmere dich darum. Egal, ob andere diese Fähigkeiten anerkennen oder nicht. Übrigens macht uns das, was wir gut können, meistens auch Spaß. Und dann gilt ohnehin, was der große Philosoph Benjamin Blümchen gesagt hat: »Wenn etwas Spaß macht, dann mache mehr davon!«

Ich konnte zum Beispiel schon als kleines Kind ganz wunderbar andere Kinder trösten. Ich konnte als Junge in den Pausen ganz wunderbar meine Mitschüler unterhalten. Aber wenn die Glocke läutete und der Unterricht wieder begann, dachte ich, dass all das, was ich gut konnte, nicht von Bedeutung war. Sonst müsste es ja die Möglichkeit geben, diese Fähigkeiten zu nutzen, sie vielleicht sogar auszubauen. Doch ein Schulfach namens »Mitgefühl« fand ich nirgendwo auf meinem Stundenplan. Ich wurde aber selbstbewusster, als mir klar wurde, dass ich diese Fähigkeiten habe, und als ich erkannte, dass ich ihnen die Wertschätzung geben musste, die ich gern von außen bekommen hätte. Und dafür war notwendig, Dinge, die ich gut konnte, immer und immer wieder zu tun.

In diesem Moment hören wir ein dumpfes Geräusch, stetig wiederkehrend und nicht allzu weit entfernt von uns. Wir drehen uns um und sehen im Wipfel eines Baumes einen eifrigen Specht, der eindeutig der Verursacher dieses Geräuschs ist.

Sieh mal, der Specht pickt immer auf die gleiche Stelle. Immer und immer wieder. Vielleicht beobachten ihn die anderen Vögel und denken: »Warum macht er das bloß? Das bringt doch nichts, er versucht es schon so lange.« Aber was diese Meinungen der anderen Vögel angeht, ist der Specht anscheinend genauso taub wie unser kleiner indischer Junge beim Wettrennen. Und das ist gut so. Die meisten Dinge, mit denen ich mich heute beschäftige, waren einst »Spechtlöcher« in Bereichen, die mir lagen.
So, und nun schlage ich vor, dass du in die Hütte gehst und ich euch beide eine Weile allein lasse. Ich glaube, ihr habt noch einiges mitei-

nander zu besprechen. Gott hat dieses Kind, dich, genau so gemeint, mit all deinen Begabungen und allen »Zerknülltheiten«. Jedes Kind ist wunderbar. Jeder Mensch – du, ich, jeder – ist einzigartig. Gehe ruhig hinein und widme dich ganz deinem inneren Kind. Ich warte hier draußen auf dich. Und denk daran: Es ist niemals zu spät für eine schöne Kindheit.

UND JETZT DU …

SCHREIBE EINE BOTSCHAFT AN DEIN INNERES KIND

- Was ist dir wichtig, wie möchtest du künftig leben?

EIN PAAR SCHRITTE IN DIE LIEBE

Langsam bricht die Dunkelheit an und die Umrisse der Bäume wirken wie in den Horizont gezeichnet. Wir machen uns wieder auf den Weg und lassen die magische Hütte mit dem guten Gefühl hinter uns, sie ein wenig »aufgeräumt« beziehungsweise Einsichten über wichtige Dinge gewonnen zu haben.

Ich hoffe sehr, dass dir die Begegnung mit deinem jüngeren Ich viele Erkenntnisse und auch Klarheit gebracht hat. Aber vor allem hoffe ich, dass es dir jetzt einfach gut geht und du die Begegnung in dieser besonderen Hütte dazu nutzen konntest, dich selbst besser zu verstehen. Du kannst diesen Ort nun mit gutem Gewissen hinter dir lassen, aber er ist ab jetzt immer für dich da. Du kennst den Weg. Suche die Hütte auf, wann immer du dich danach fühlst. Ich gehe

von Zeit zu Zeit auch zu meiner Hütte, weil ich nicht zulasse, dass Dinge aus meiner Vergangenheit meine Gegenwart bestimmen.
Es ist aber nicht nur die Vergangenheit, die Leid über uns bringen kann. Sondern ganz wichtig ist auch, wie wir in der Gegenwart mit uns selbst umgehen. Was ich unter anderem gemerkt habe, ist, dass ich nicht die Dinge glauben sollte, die ich sage, wenn ich traurig oder wütend bin. Sie entsprechen einfach nicht der Wahrheit. In solchen Momenten machen wir uns selbst runter und reden einfach nur negativ mit uns selbst. Wenn deine Freunde mit dir sprechen würden wie du mit dir selbst in solchen Momenten, wärst du dann noch mit ihnen befreundet? Wahrscheinlich nicht, oder?

Sprich mit dir selbst
wie mit einer Person,
die du über alles liebst.

Wenn ich schlecht mit mir spreche, ist es so, als würde ich einen Dämon mit bösen Wörtern füttern. Diese Worte machen ihn nur noch größer und mächtiger. Bei freundlichen Worten verschwindet er allerdings. Also lautet ein guter Rat: Sprich mit dir selbst wie mit einer Person, die du über alles liebst. Versuch es mal. Am Anfang fühlt es ich etwas komisch an. Aber irgendwann wird es »normal«, liebevoll mit dir selbst zu sprechen, so wie alles »normal« wird, was wir immer und immer wieder tun. Wenn ich merke, dass ich gerade nicht gut mit mir spreche, erinnere ich mich daran und spreche dann mit mir wie mit meiner Mutter. Und schon gehe ich viel toleranter, liebevoller, geduldiger mit mir um.

Außerdem müssen wir nicht alles, was wir erleben, beurteilen, bewerten und mental etikettieren. Es passieren gute Dinge. Es passieren weniger gute Dinge. Es passieren Dinge, die weder gut noch schlecht sind. Aber wie wir uns danach fühlen, ist immer ein Resultat dessen, wie wir diese Dinge bezeichnen. Denn in der Bezeichnung steckt oft auch eine Bewertung.

Am Ende meines ersten Studienjahrs hatte ich keine einzige Klausur bestanden. Alle meine Freunde hatten zu dem Zeitpunkt bereits acht oder sogar neun Klausuren erfolgreich bestanden. Ich kam nach jedem gescheiterten Versuch in mein kleines Studentenzimmer, war sauer auf mich und zweifelte so sehr an mir. Ich beschimpfte mich als Nichtsnutz und Trottel und schlief unter Tränen ein. Dabei war es einfach nur eine Klausur, die ich nicht bestanden hatte. Der »Nichtsnutz« war meine freie Erfindung, meine mentale Etikettierung. Heute verstehe ich, dass das Leben mir einfach nur zeigen wollte, dass meine Leiter zu dem Zeitpunkt definitiv am falschen Baum angelehnt war.

Schau mal, da hinten. Siehst du die Wolken, die dort aufziehen? Irgendwie beeindruckend. Normalerweise würden sie dunkel wirken, aber da der Himmel schon so dunkel ist, wirken sie im Gegensatz dazu hell. Ein schönes Naturschauspiel. Manche Menschen, oder vielleicht viele, würden jetzt sagen: »Ach, Mist, gleich wird's regnen!« Wie soll man sich nach diesem Satz fühlen? Gut? Hmm, schwierig. Gereicht hätte ein Satz wie: »Da hinten sind dunkle Wolken.« Punkt. Vielleicht sagst du stattdessen: »Juhuuu, gleich gibt's wieder Freudentränen!!« Aber du bist eben, nun ja, du!

Letztens meinte eine Freundin zu mir: »Er hielt es nicht für nötig, mich anzurufen.« Ich erwiderte: »Er rief nicht an.« Ein Kumpel

sagte zu mir: »Sie hat mich sitzen lassen.« Ich meinte zu ihm: »Du warst da. Sie nicht.« Versteh mich nicht falsch, ich bin kein Roboter. Ich bin auch oft sehr emotional. Ich möchte nur, dass du verstehst, dass wir uns selbst in gewisse Spiralen bringen. Manchmal sind es Glücksspiralen, manchmal sind es Unglücksspiralen. Wie heißen noch diese Dinger, wo du oben eine kleine Metallkugel reinlegst, die dann eine Bahn runterrollt? Die Kugel wird auf ihrer Fahrt abwärts immer schneller. Genauso sind wir manchmal. Wir bringen uns mit unseren negativen Gedanken selbst in Fahrt, ein Gedanke jagt den nächsten und dann sitzen wir da und wundern uns, wie wir so schnell in eine so miese Gefühlslage geraten sind.
Jeder Gedanke gibt vor, wichtig zu sein, aber nimm deine Gedanken nicht so ernst. Ich weiß sowieso nicht, wie viele davon tatsächlich meine Gedanken sind und viele ich von anderen Menschen entliehen habe. Wie oft sagen wir etwas Originelles, das wirklich unserem eigenen Inneren entspringt? Gibt es so etwas überhaupt?

Auf den nächsten Metern, die wir nebeneinanderher laufen, beobachte ich dich ein wenig. Mittlerweile kenne ich dich so gut, dass ich deine Gedanken geradezu hören kann. Und ich bin mir ziemlich sicher, dass du gerade dabei bist, die Weise, wie du mit dir sprichst, zu überprüfen, um künftig freundlicher mit dir selbst umzugehen.

Viele Leute, und wahrscheinlich kennst auch du solche Menschen, verfallen dem zwanghaften Denken. Diese Art des Denkens findet immer dann statt, wenn sie das verdrängen, was ist. Dann wollen sie nicht da sein, wo sie sind: im Hier und Jetzt. Wir machen gerade einen Spaziergang. Wir sind hier auf diesem Weg. Wir sind nirgendwo anders. Wird es Momente in der Zukunft geben, in denen mir Herausforderungen begegnen werden? Sicherlich. Spielen sie in diesem Moment eine Rolle? Nein. Was spielt jetzt eine Rolle? Du. Ich. Wir. Dieser Weg. Dieser Schritt.

Wir sind »Human Beings« und keine »Human Doings«.

Gedanken sind im Grunde nichts anderes als Monologe. Und wenn wir mit uns selbst sprechen, dann kommt es nicht selten vor, dass wir uns Fragen stellen. Achte mal darauf. Es gibt positiv und negativ gestellte Fragen. Fragen wie: »Warum passiert mir das ständig?«, »Warum muss das Leben so gemein sein?« oder »Wie kann er mir das antun?« stellen sich viele Menschen jeden Tag. Wie du dir vorstellen kannst, fühlen wir uns nach solchen Fragen nicht gut, sondern eher macht- und hilflos. Viele Fragen, die wir uns stellen, sind rhetorische Fragen, die uns zum Opfer machen. Sie besagen im Grunde genommen nichts anderes, als dass wir es nicht verdient haben, ein gutes Leben zu führen oder geliebt zu werden.

Tu mir und vor allem dir selbst diesen einen kleinen Gefallen und beobachte dich und die Fragen, die du dir jeden Tag stellst. Und wenn du merkst, dass du dir negative Fragen stellst, überlege dir eine positive Alternative dazu. Wie die lautet, wirst du selbst fühlen und herausfinden. Vielleicht fragst du dich dann eher: »Was habe ich durch diesen Moment gelernt?« oder »Was will mir das Leben gerade sagen?« oder auch »Hat dieser Mensch wirklich meine Zeit

und meine Liebe verdient?« Beobachte dich und deine Reaktion auf diese Fragen, das ist der erste und wichtigste Schritt.
Wo wir gerade beim Thema Beobachten sind: Was fehlt eigentlich in diesem Moment? Was denkst du? Was fehlt in diesem Moment? Diese Frage stelle ich mir zwischendurch immer mal wieder. Sie hilft mir, in diesem Moment anzukommen. Man wird plötzlich achtsam. Man merkt, dass einen viele gute Dinge umgeben. Hört Dinge, die man vorher nicht gehört hat. Sieht Dinge, die man vorher nicht gesehen hat, und wird sich dessen bewusst, dass eigentlich sehr vieles gut ist. Und deswegen liebe ich diese Frage. Sie hilft mir, im Jetzt anzukommen. Hier, bei dir.
Das Jetzt ist kein Hindernis, das überwunden werden muss. Es gibt keinen Augenblick in der Zukunft, der wichtiger ist. Das Glück kann nur ins Jetzt eintreten. Es ist ja bereits in dir. Und ich hoffe, das hast du auf unserem Weg schon das eine oder andere Mal gespürt. Komm, wir setzen uns auf diese kleine Bank. Gerade gibt es nichts zu tun. Und wenn es nichts zu tun gibt, dann tu auch nichts. Hab dabei bitte kein schlechtes Gewissen, so wie ich es früher immer hatte. Denk daran: Wir sind »Human Doings«, ach nee, ich meine »Human Beings«. Stimmt ja!
Manchmal sollten wir nur essen. Nichts anderes dabei tun. Manchmal sollten wir nur gehen. Nichts anderes dabei tun. Manchmal sollten wir nur zuhören. Nichts anderes dabei tun. Manchmal sollten wir nur auf einer Bank sitzen. Nichts anderes dabei tun. Wenn wir nicht immer mehrere Sachen gleichzeitig tun, sondern uns ganz auf den Moment einlassen, erkennen wir so einiges an uns und an unserem Leben. Probier das doch einmal selbst aus.

Die nahende Dunkelheit bringt eine Stille mit sich, die wir beide spüren. Eine Stille, die sich sanft um uns legt. Wir lehnen uns auf der Bank zurück, strecken die Beine aus und nehmen ein paar tiefe Atemzüge.

Ich liebe diese Ruhe hier. Die Stille des Waldes hilft mir, in mich zu gehen und in die Tiefe zu tauchen. Hier fühle ich den Puls meines Herzens, ich spüre meinen Atem und das ist so unbeschreiblich. Stille schwebt über allen Dingen. Mach dir das bewusst, wenn du dich gestresst fühlst oder innere Unruhe empfindest.
Selbst in den kleinsten Dingen zeigt die Natur die allergrößten Wunder. Schau dir an, wie ein Vogeljunges schläft, und dieser Frieden wird auf dich übergehen! Lass zu, dass die Natur dich die Stille lehrt. In der Stille werden Probleme gelöst. Die Stille hat keine Form und ist deswegen auch nicht von dieser Welt. Die Stille der Natur wird zu unserer eigenen Stille, wenn wir uns auf sie einlassen. Wir verbinden uns auf einer sehr tiefen Ebene mit ihr. Dieses Gefühl des Einsseins mit allen Dingen ist wahre Liebe. Das Denken ist eine Stufe der Evolution. Die Natur verweilt aber in der unschuldigen Stille, die diesem Denken vorausgeht.

Wir erheben uns von der Bank und gehen schweigend weiter. Es ist kein unangenehmes Schweigen, das uns begleitet, sondern wir spüren, dass in dieser Stille viele Antworten liegen. Und irgendwie passen die Dämmerung und unser Schweigen auch gut zusammen. Auf einmal erblicke ich schräg vor uns, hinter einigen Bäumen einen kleinen Teich.

Ah, da ist er ja! Ich liebe diesen Teich und ich wollte unbedingt mit dir zusammen hierherkommen – er ist schön, oder? Denn ich möchte dir hier eine kleine Geschichte aus Indien erzählen, die ich von meinem Opa habe:
Eines Tages kamen einige Menschen zu einem indischen Mönch. Sie fragten ihn: »Was für einen Sinn siehst du in deinem Leben der Stille?« Der Mönch stand gerade an einem Teich wie diesem hier. Er nahm einen kleinen Stock und rührte an der Stelle, an der sie standen, wild im Wasser umher. Dann sprach er zu ihnen: »Schaut auf diese Stelle des Teichs. Was seht ihr?« Die Menschen blickten hin und sagten: »Wir sehen nichts!« Nach einigen Augenblicken forderte der Mönch die Menschen erneut auf: »Schaut nochmals auf dieselbe Stelle. Was seht ihr jetzt?« Die Leute blickten wieder hin und antworteten: »Wir sehen uns selbst!« Der Mönch sprach: »Nun, als ich vorhin mit dem Stock das Wasser des Teichs aufgewühlt habe, war das Wasser unruhig. Jetzt ist das Wasser ruhig. Das ist die Erfahrung der Stille: Man sieht sich selbst! Und nun wartet noch einen kurzen Moment.« Geduldig blieben die Menschen stehen und warteten. Nach einer Weile sagte der Mönch erneut: »Schaut jetzt in den Teich. Was seht ihr?« Die Menschen schauten aufs Wasser und antworteten: »Nun sehen wir die Steine auf dem Grund des Teichs.« Da erklärte der Mönch: »Das ist die Erfahrung der Stille. Wenn man lange genug wartet, sieht man den Grund aller Dinge.«
Und du? Was siehst du in diesem Teich? Schau hinein …

Wir blicken in den Teich und sehen in der spiegelnden Wasseroberfläche trotz der Dunkelheit uns selbst.

Ich sehe mich und du siehst dich. Nimm dich liebevoll genau so an, wie du bist. Ich kenne viele Menschen, die sich im Teich spiegeln und dabei nur auf die Dinge achten würden, die sie an sich nicht mögen. Wie schade! Denn alles ist ein Teil von uns und zeugt von unserem Leben. Falten sind das Ergebnis von vielem Lachen mit Freunden. Ein paar Pfunde zu viel sind die Spuren schöner Abendessen mit unseren Liebsten. Schwangerschaftsstreifen sind das Zeichen, dass Leben geschaffen wurde. Nimm all das liebevoll an. Im Übrigen ist es so, dass du das, was andere Menschen toll und faszinierend an dir finden, selbst oft gar nicht siehst. Weil es für dich vielleicht selbstverständlich und nicht erwähnenswert ist.
Ich war, wie du inzwischen weißt, ein sehr mitfühlender, empathischer Junge. Das empfand ich nie als eine besondere Stärke, sondern war für mich etwas Selbstverständliches. Ich habe mich schon immer anderen Menschen verbunden gefühlt – Freunden, Bekannten, aber auch Menschen, die mir unbekannt waren. Das Leid anderer spürte ich am eigenen Leibe und die Freude anderer machte mir selbst immer große Freude. Aber ich weiß noch, dass ich irgendwann Menschen Glauben schenkte, die mir weismachen wollten, genau dies sei eine Schwäche: Es sei nicht männlich, wenn ich mich zu sehr in andere Leute hineinversetzte. Und es sei nicht männlich, wenn ich angesichts des Leids anderer Menschen anfing zu weinen. Ich glaubte ihnen. Ich konnte allerdings nichts dagegen tun, es war ein Teil von mir. Ich war verunsichert und litt darunter, dass meine Stärke nichts wert sein sollte. Irgendwann distanzierte ich mich wieder von diesen Menschen, die mich an mir zweifeln ließen. Und heute weiß ich, dass es genau diese Fähigkeit ist, die mich auf all meinen Wegen begleitet und die viele Menschen schätzen.

DAS GEFÜHL
DES EINSSEINS
mit allen Dingen ist
WAHRE LIEBE.

♥

Komm, lass uns weitergehen. Auf Wiedersehen, kleiner Teich! Danke für die Weisheiten, die du uns geschenkt hast.

Wir lassen den kleinen Teich hinter uns und gehen zügig weiter. Wir spüren den Abend förmlich mit jeder Faser unseres Körpers. Die Luft riecht feucht und unser Weg ist in der Dämmerung immer schlechter zu erkennen.

Alle paar Jahre bin ich in den Slums von Indien. Ich finde es so bewundernswert, in welcher Akzeptanz und Demut die Menschen dort leben. Das letzte Mal habe ich eine Familie kennengelernt, die aus Steinen kleine Elefanten herstellt und diese dann am Straßenrand verkauft. Es sind richtige kleine Kunstwerke, wunderschön anzusehen. Frag mich nicht, wie sie das machen, aber der Elefant, der aus dem Stein gewonnen wird, steckte bereits vorher im Stein. Die Familie muss nur alles Überflüssige von ihm abschleifen und hält dann den Elefanten in Händen.
Bei uns beiden ist es genauso. Dieses Kunstwerk, das wir sind, ist bereits da. Das Überflüssige muss bloß weg. Damit du dich aber als Kunstwerk so richtig entfalten und zeigen kannst, musst du auch die Bereitschaft haben, verletzlich zu sein. Verletzlichkeit ist keine Schwäche, sondern eine Stärke. Die Angst vor dem Verletztwerden führt allerdings oft dazu, dass Menschen sich verschließen.
Ich weiß, wovon ich spreche, denn lange Zeit habe ich es vermieden, verletzlich zu sein. Ich dachte, dass das einfach nicht gut sein kann, dass es mir bloß Schmerz zufügt. Tja. Natürlich kommt es im Leben vor, dass uns ein anderer Mensch verletzt. Und ja, das tut weh und verursacht seelisches Leid. Genau das war der Grund, warum

ich mich damals anderen Menschen nicht wirklich öffnete und sogar in Beziehungen nicht verletzlich sein wollte. Was denkst du, ist letztendlich passiert? All diese zwischenmenschlichen Beziehungen sind auf ihre Art gescheitert. War das sehr schlimm für mich? Nein, denn ich hatte mich nicht geöffnet und meine wahren Gefühle nicht zugelassen.

Jeder Mensch, den du liebst,
hat die Möglichkeit, dich zu verletzen.
Verletzlichkeit ist die Grundlage
der Liebe.

Wenn man also nicht verletzlich sein möchte, kann man vielfach auch nicht verletzt werden. Aber man kann auch keine Liebe erfahren. Denn Verletzlichkeit ist die Grundlage der Liebe. Jeder Mensch, der dich liebt, zeigt sich dir gegenüber verletzlich. Und jeder Mensch, den du liebst, hat die Möglichkeit, dich zu verletzen. Als ich dies begriff und entsprechend lebte, kam es zu Verletzungen. Aber es kam auch zu tiefen, vertrauensvollen Beziehungen. Beides ist für uns bestimmt: der Schmerz und die Liebe.

Manchmal, wenn der Schmerz anklopft, begrüße ich ihn schon mit den Worten: »Lieber Schmerz, die Tür zu meinem Herzen steht dir offen. Ganz gleich, was du mir antust, tritt ein.« Nun ist es nicht so, dass ich auf Schmerzen stehen würde. Ich weiß aber, dass, wenn ich ihn nicht willkommen heiße, der Schmerz ohnehin wiederkommen wird. Der Schmerz ist Teil meines Lebens. Und auch nach unserem Spaziergang wird er bei dir und bei mir anklopfen. Mal klopft er leise an. Mal hämmert er richtig laut gegen die Tür. Frieden mit dem Schmerz zu schließen, heißt auch zu wissen, dass auf der anderen Seite etwas Besseres auf uns wartet.

Manchmal ist der Schmerz der Meißel, der uns vom überflüssigen Stein befreit. Vor diesem Schmerz haben viele Menschen Angst. Noch mehr Angst macht ihnen aber der Gedanke, gewissen Ansprüchen nicht zu genügen. Sie haben Angst, nicht so akzeptiert zu werden, wie sie sind. Dabei ist es in Wirklichkeit so: Jemand, der dich nicht so akzeptiert, wie du bist, akzeptiert sich selbst nicht. Wenn er nämlich mit sich im Reinen wäre, hätte er kein Problem damit, die Andersartigkeit anderer Menschen willkommen zu heißen. Viele wissen das aber nicht und sind beherrscht von Angst und Begierde: der Angst davor, etwas zu verlieren und weniger zu sein, und der Begierde, sich zu ergänzen um vollständiger zu sein. Aus dieser Angst heraus fangen viele Menschen an, sich selbst zu belügen. Oft merken sie das gar nicht. Doch belügt man sich selbst, belügt man automatisch andere. Ehrlich zu sich selbst zu sein ist keine Option, sondern die Voraussetzung für ein glückliches Leben.

Es gab Zeiten in meinem Leben, da habe ich versucht, anderen zu genügen. Ich habe mich belogen, indem ich mir sagte, dass das schon okay sei; ich habe die anderen Menschen also auch belogen – und im Endeffekt haben sie mich nie wirklich kennengelernt. Lass es bitte nicht dazu kommen. Denn nach allem, was wir auf diesem Spaziergang erlebt haben, kann ich dir sagen: Es wäre so schade, wenn dich ein Mensch nicht genau so kennenlernen würde, wie du bist. Das wäre ein großer Verlust! Für ihn. Für dich. Und für die Welt. Als ich merkte, dass ich den Ansprüchen bestimmter Leute nicht genügte, habe ich das akzeptiert. Und jetzt müssen diese Leute akzeptieren, dass sie nicht mehr Teil meiner Wandergruppe sind. In meiner Wandergruppe weht ein anderer Wind. Da stehen Akzeptanz und Toleranz an erster Stelle. Und in deiner Wandergruppe herrschen die Werte, die dir wichtig sind.

In der Ferne erklingt der melodische Gesang einer Nachtigall, was irgendwie sehr romantisch klingt. Weniger romantisch sind die großen Mückenschwärme, in die wir immer mal wieder hineingeraten. Ich fange an, wild mit den Armen zu rudern, da ich leider zu den Menschen gehöre, deren Blut den Mücken besonders gut schmeckt. Du aber denkst, ich hätte wieder einen Bollywood-Romantik-Moment und machst gleich ein paar schwungvolle Tanzbewegungen. Lachend gehen wir beide weiter.

Die Tatsache, dass es Unsinn ist, sich von anderen einreden zu lassen, dass wir nicht genügen, heißt nicht, dass wir beide keine Fehler haben oder uns keine Fehler passieren. Natürlich sind wir nicht ohne Fehler. Das gehört einfach zum Menschsein dazu und wer etwas anderes behauptet, macht sich etwas vor. Die Frage ist nur: Kannst du dich lieben mit all deinen Fehlern? Nicht »trotz« deiner Fehler, sondern »mit« all deinen Fehlern? Es ist so unglaublich wichtig, dass wir mit uns selbst liebevoll umgehen. Erstens ist es die Bedingung dafür, auch mit anderen Menschen liebevoll umzugehen. Und zweitens macht uns das unabhängiger von den Urteilen anderer Menschen. Sage deshalb mindestens einmal am Tag zu dir selbst: »Ich liebe mich!« Und zwar so richtig aus dem Herzen heraus.

Als Baby bin ich ganz oft hingefallen. Ich habe gesabbert, ich konnte nicht sprechen, habe Dinge kaputtgemacht ... und wie reagierten die anderen? Sie haben mich angeschaut, gelächelt und mir gezeigt, dass sie mich lieben. Wie konnte ich mich selbst in diesen Momenten nicht lieben? Heute falle ich über die Stolpersteine des Lebens, mir fehlen die Worte und ich mache etwas kaputt. Aber heute werde ich dann von anderen vorwurfsvoll angeschaut und plötzlich, ohne es zu merken, fällt es mir schwer, mich selbst zu lieben. Dabei sollte ich einfach daran denken, dass ich als Baby trotz alledem geliebt wurde.
Und wie ist es mit dir? Kannst du nur Perfektion lieben? Was genau heißt das eigentlich? Die Natur ist deshalb Perfektion, weil sie perfekt ist, ohne perfekt sein zu wollen. Und andere Menschen liebst du, auch wenn sie nicht perfekt sind. Warum gilt das Gleiche nicht für dich selbst? Warum denken wir so oft, wir müssten perfekt sein, um von anderen geliebt zu werden? Dabei gibt es zwischen Perfektion und Liebe keinen zwingenden Zusammenhang. Apropos, ich bin mir nicht sicher, ob du dir heute schon gesagt hast, dass du dich liebst. Also, wenn du magst, dann mache dir selbst jetzt eine kleine Liebeserklärung ...

Wieder gehen wir einige Zeit weiter, ohne dass einer von uns spricht. Die Nachtigall ist in der Ferne immer noch zu hören. Ich bin mir aber ziemlich sicher – nein, ich bin mir absolut sicher –, dass dir gerade ein »Ich liebe mich« durch den Kopf gegangen ist. Und wenn ich deinen Gesichtsausdruck betrachte, dann habe ich das Gefühl, dass dir das verdammt guttat.

Warte mal, ich habe etwas Wasser und ein Glas dabei, vielleicht können wir einen Schluck trinken. Allerdings hat das Glas einen kleinen Sprung. Er ist nicht groß, aber groß genug, dass immer wieder einige Tropfen Wasser aus dem Glas fließen und zu Boden fallen. Wenn ich dich fragen würde, ob du lieber dieses oder ein heiles Glas hättest, würdest du wahrscheinlich das heile Glas bevorzugen. Stell dir nun vor, dass wir beide mit gefüllten Gläsern weiterlaufen würden, du mit dem heilen Glas und ich mit dem gesprungenen Glas in der Hand. Dann würde eine wundersame Sache passieren: Die Blumen und Pflanzen, an denen ich vorbeigehe, würden sich freuen. Denn immer wieder würde Wasser aus meinem Glas auf sie niedertröpfeln. Sie würden sich bedanken und als Zeichen ihres Dankes noch schöner blühen. So hätte der »Fehler« des Glases dafür gesorgt, dass noch mehr Schönheit entsteht. Und so ist es mit allen Dingen im Leben. All unsere Fehler sorgen ebenfalls dafür, dass noch mehr Schönheit entsteht. Wo und wie? Das weiß ich nicht. Aber ich vertraue darauf, dass es passiert.

Die Natur ist einfach Perfektion:
perfekt, ohne perfekt sein zu wollen.

Wie du inzwischen weißt, sagt das Leben immer »Ja« zu uns. Manchmal sagen auch Menschen Ja zu uns, und in manchen Situationen kommt es sogar zu einem euphorischen »Ja, ich will!« Aber es gibt auch eine Menge Menschen, die »Nein« zu uns sagen. Das kann viele Gründe haben. Sie spielen aber keine Rolle. Sei dankbar für ein Nein, denn klar ist vor allem eins: Es ist gut, so wie es ist. Das Nein heißt nicht, dass du schlechter oder weniger wert bist. Unser Ego will uns oft weismachen, dass es eine Entscheidung gegen uns war. Das Ego nährt sich aus Vergleichen. Und flüstert uns dann zu – okay, manchmal schreit es uns auch an –, dass es wohl andere gibt, die besser und schöner sind als wir. Als mich vor mehreren Jahren meine damalige Freundin verlassen hat, war es keine Entscheidung »gegen mich«, sondern »für sie«. Sie brauchte diesen Raum und diese Zeit. Als ich das erkannte, habe ich mich sehr für sie gefreut und empfand Dankbarkeit für unsere gemeinsame Zeit.

Jeder von uns braucht Raum für sich. Sich abzugrenzen ist ein Akt der Selbstliebe.

Ich bin ihr zudem dankbar für eine ganz wichtige Lektion, die ich durch sie gelernt habe: dass wir uns manchmal abgrenzen müssen und dass dies ein Akt der Selbstliebe ist. Jeder von uns braucht Raum für sich, einen Ort, an den er sich zurückziehen oder an dem er sich entfalten kann. Denk doch mal an die schöne Wiese von heute Morgen zurück. Stell dir vor, diese Wiese wäre dein Raum, der Ort, an dem du deine Ruhe brauchst. Wenn das nun andere Menschen aber nicht wüssten, würden sie vielleicht auf dieser Wiese herumtoben, die Pflanzen kaputttreten oder ihren Müll darauf werfen. Dies würde dich natürlich belasten und dir wehtun. Doch du könntest dich davor schützen: All das würde nicht passieren, wenn du um deine Wiese einen Zaun aufstellen würdest. Dann wüsste jeder Bescheid, dass dies dein Raum ist.

Dieser Zaun ist ein Zaun der Selbstliebe. Jeder von uns sollte so einen Zaun aufstellen, um sich zu schützen in dem, was uns wirklich am Herzen liegt. Dieser Zaun hilft uns im Umgang mit Menschen, die uns nicht nahe sind, aber auch mit den Menschen, die uns nahestehen. Das klingt vielleicht paradox, aber so ist es tatsächlich: Wenn andere diesen Zaun sehen und verstehen, dass du Zeit und Raum für dich brauchst, werden sie dir näher sein als zuvor, weil du ihnen damit die Chance gibst, dich noch besser zu verstehen.
Und weißt du, wie du selbst die anderen besser verstehst? Weißt du, wie du die Selbstliebe-Zäune anderer Menschen erkennst? Indem du einfach zuhörst. Nimm dir Zeit. Gib dich dem Lauschen hin und du wirst etwas erfahren, das mit dem Verstand nicht zu fassen ist. Die Worte selbst sind dann zweitrangig. Es geht um den Raum bewusster Gegenwärtigkeit, der beim Zuhören entsteht. Es geht um das, was gerade zwischen uns entsteht, um das, was wahre Nähe schafft. Vielleicht kennst du den Satz: »Wissen will reden. Weisheit und Liebe wollen zuhören.«

Ich bücke mich und reiche dir einen klitzekleinen Stock, den ich vom Boden aufgehoben habe.

Hier, steck diesen kleinen Stock in deine Tasche. Das ist nicht irgendein Stock. Nein, das ist das erste Teil, das du für den Bau deines ganz persönlichen »Selbstliebe-Zauns« benötigst.
Selbstliebe und Verletzlichkeit sind, wie du inzwischen weißt, die Voraussetzung dafür, andere Menschen zu lieben und von anderen geliebt zu werden. Wenn du Liebe suchst, um zu sehen, was sie dir geben kann, dann wird sie sich verstecken. Wenn du sagst, dass die

Liebe nun kommen darf, weil du bereit bist, dann wird sie deine Tür ignorieren. Liebe ist wie ein ungeladener Gast. Liebe kommt, wann sie will. Wenn du mehr forderst, wird sie möglicherweise gehen. Liebe einen Menschen. Liebe nicht deine Gefühle. Das ist für uns manchmal schwer zu unterscheiden.

Ich liebe dich. Du brauchst jetzt nicht rot zu werden, ich meine das wirklich so. Ich liebe dich als Menschen. Dass wir diesen Spaziergang hier machen und du mich so nah an dein Herz lässt – wie könnte ich dich nicht lieben? Ich werde mich aber immer daran erinnern, dass ich mich nicht in das Gefühl verliebe, das du mir gibst. Denn sonst wärst du nur Mittel zum Zweck. Sonst würde ich dich bloß auf deinen Nutzen für mich reduzieren, was nicht fair wäre. Manchmal versuchen wir, einem Menschen näherzukommen. Aber tun wir das aus echter Zuneigung oder vielleicht deswegen, weil wir etwas von ihm möchten? Wenn du einem Menschen wirklich nah sein möchtest, dann verwirf jegliche Hintergedanken. Sieh den Menschen an, der vor dir steht. Sieh nicht deine Meinung oder deine Vorstellung von ihm. Das wäre nämlich schon eine Form von Gewalt. Und dann liebe diesen Menschen ohne Berechnung, ohne ein »Was wäre, wenn«, ohne ihn zu vergleichen. Liebe ihn einfach mit deinem Herzen. Und wenn du aufrichtig bist ohne einen Plan, dann werden sich andere Menschen dir viel schneller öffnen.

Echte Liebe für andere hat viel mit Geduld und Respekt zu tun. Als Kind verlor ich beim Puzzeln manchmal die Geduld. Dann habe ich ein Puzzlestück genommen, es in eine freie Stelle reingedrückt und draufgehauen, bis es »passte«. Für einen kurzen Moment sah es sogar wirklich so aus, als würde es passen, aber natürlich hat es die Harmonie des gesamten Bildes zerstört. Manchmal nehmen Menschen andere Menschen und drücken sie in eine Beziehung, bis es scheinbar passt. Und für einen kurzen Moment ist es weg: ihr Leid, die fehlende Selbstliebe, die Zweifel an sich selbst. Wenn sie aber erkennen, dass die Gesamtharmonie ihres »Lebensbildes« gestört ist, entfernen sie dieses Puzzlestück wieder und suchen ganz schnell ein neues – und das »Reindrücken und Draufhauen« beginnt von vorne. Das sind die Momente, vielleicht kennst du sie selbst, in denen sie ausrufen: »Ach, warum gerate ich bloß immer an den gleichen Typ Mensch?« Wenn sie aber erkennen, dass das fehlende Puzzlestück immer aus ihnen selbst entspringt, können sie sich selbst die nötige Liebe geben, die die notwendige Basis für eine liebevolle, freigiebige Beziehung zu einem anderen Menschen ist.

Liebe einen Menschen.
Liebe nicht deine Gefühle.
Das ist für uns manchmal
schwer zu unterscheiden.

Die Natur generell liebt bedingungslos und ist auch hier eine große Inspiration für uns. Wenn wir jemandem etwas geben, etwa Liebe oder Aufmerksamkeit, nur um etwas zurückzubekommen, dann ist es kein Geben, sondern ein Leihen. Wahres Geben findet statt, wenn wir nicht die Erwartung haben, etwas zurückzubekommen. Und es bedeutet auch, dass wir auf die Kontrolle über das, was wir geschenkt haben, verzichten. Ich weiß nicht, was der andere mit dem Vertrauen macht, das ich ihm schenke. Ich weiß nicht, was der andere mit der Liebe macht, die ich ihm schenke.

Manchmal stelle ich mir Vertrauen wie einen Sack voller Samen vor. Manche Leute vergessen diesen Sack und lassen ihn irgendwo stehen. Manche gehen damit sehr unachtsam um und verlieren Samen um Samen. Manche nehmen die Samen aus dem Sack und pflanzen sie sorgfältig ein, so wie wir es vorhin getan haben. Aus diesen Samen werden dann viele schöne Pflanzen, die wiederum viele neue Samen hervorbringen. Und genau wie mit dem Vertrauen ist es mit der Liebe: Die Liebe, die du uneigennützig, mit reinem Herzen schenkst, wird sich auf wundersame Weise mehren und dir und anderen Menschen Frieden und Freude schenken.

6

UND JETZT DU …

DAS FEHLENDE PUZZLESTÜCK IST EIGENTLICH IMMER SCHON DA. DU FINDEST ES IN DIR SELBST.

- Trage diese Qualität, dieses Talent oder diese Eigenschaft in das große Puzzlestück ein.

P.S.: Wenn du einen Schritt weitergehen möchtest, schreibe dir auf einem Blatt Papier eine Liebeserklärung.

EIN PAAR SCHRITTE NACH HAUSE

Der Mond beleuchtet das letzte Stück Weg, das wir heute gemeinsam gehen. Es ist ein friedlicher Abend, wobei der Frieden mehr mit uns als mit dem Abend zu tun hat. Dadurch, dass wir nun nicht mehr weit in die Ferne schauen können, achten wir mehr auf das, was genau vor uns liegt.

Mit einem weinenden und einem lachenden Auge gehe ich gerade diese Schritte. Ich bin etwas traurig, dass unser Spaziergang schon bald endet. Aber ich bin auch sehr froh darüber, dass wir diesen Weg gegangen sind und gleich unser Ziel erreichen werden. Ich hätte wissen müssen, dass dieser Moment kommt, denn es stand doch die ganze Zeit auf dem Zettel in deiner Hose: »Auch das geht vorbei«. Aber lass uns jetzt nicht allzu emotional werden. Lass uns lieber weitergehen, damit wir in aller Ruhe ankommen. Hier vorne führt der Weg entlang, den wir jetzt gehen wollen. Mitten durch den Wald, mitten durch die Natur, mitten durch die Nacht.

Und so gehen wir ein Stück weiter. Manchmal heben wir unseren Blick und schauen in den nachtdunklen Himmel. Diesmal suche ich allerdings keine Antworten in den Sternen, sondern verspüre tiefe Dankbarkeit für alle Antworten, die unser gemeinsamer Weg uns schon gebracht hat.

Weißt du, ich liebe das Leuchten in deinen Augen. Auch wenn es dir selbst vielleicht nicht auffällt, ist es da. Und es ist immer in den Momenten aufgeblitzt, auf die du dich voll eingelassen hast – Momenten, denen du die Chance gegeben hast, zu unvergesslichen Momenten zu werden.

Ich wünsche dir, dass du dich in deine Einzigartigkeit verliebst.

♡

Aber du und ich, wir kennen auch Momente im Leben, in denen es schwer ist zu leuchten. Das kann viele Gründe haben: vielleicht weil uns die Kraft fehlt, vielleicht weil uns die Hoffnung fehlt. Wenn du das nächste Mal einen solchen Augenblick hast, dann denke daran, dass es immer einen Menschen gibt, der das Leuchten in deinen Augen wieder entfachen kann.
Um zwei Kerzen zu entzünden, muss man nicht beide anzünden. Es reicht, wenn eine Kerze brennt und ihr Licht mit der anderen teilt.

Teile dein Licht mit so vielen Menschen wie möglich. Dein Leuchten wird dadurch nicht weniger, die Welt aber ein hellerer Ort. Und bitte habe Verständnis, wenn Menschen in dunklen Momenten mit ihren Sorgen und ihrem Kummer zu dir kommen. Sie wollen dir nicht schaden, sie wollen nur loswerden, was ihnen auf der Seele liegt. Höre ihnen zu, habe Mitgefühl, aber lass diese Dinge nicht in dir Wurzel schlagen. Meine Mama hatte früher panische Angst vor Wasser, weil sie als kleines Mädchen in Indien fast in einem Fluss ertrunken wäre. Das Boot, in dem sie saß, war gesunken und sie konnte nicht schwimmen. Doch das Boot war nicht wegen des Wassers, das es umgab, gesunken, sondern wegen des Wassers, das ins Innere des Bootes gelangt war. Heute schwimmt meine Mama sogar im tiefen Becken des Schwimmbads wie ein kleiner Delfin. Na gut ... wie ein langsamer, vorsichtiger Delfin. Bei uns ist es wie mit dem Boot. Wir können nur »untergehen« wegen Dingen, die in uns gelangen, nicht wegen der Dinge, die uns lediglich umgeben. Sei deswegen ein »Eimer mit Loch im Boden«. Nimm die Worte anderer. Nimm die Sorgen. Nimm den Kummer. Aber lass all das wieder aus dem Eimer herausströmen.
Schau mal, dort vorne.

Was gerade eben noch schwer zu erkennen war, wird nun immer deutlicher: Vor uns liegt ein kleiner, verwunschener Waldfriedhof. Und auch wenn es schon dunkel ist, nehmen wir ihn als sehr friedlich wahr. Es scheint, als wolle er uns noch etwas mit auf den Weg geben.

Ja, genau, diesen wundersamen Friedhof mitten im Wald wollte ich so gern mit dir zusammen aufsuchen. Ich hoffe, Friedhöfe lösen

keine unguten Gefühle in dir aus. Wenn doch, dann weißt du inzwischen ja: Das Gefühl war bereits vorher in dir, so wie der Kautschuk schon vorher im Baum war.
Aber keine Angst: Das Leben ist nicht das Gegenteil vom Tod; das Gegenteil vom Tod ist die Geburt. Das Leben ist unvergänglich. Wenn wir den Friedhof mit etwas anderen Augen betrachten, schenkt er uns wichtige Lektionen für unser Leben.
Lass uns kurz auf dieser Bank Platz nehmen.

Wir setzen uns auf eine kleine hölzerne Bank, von der aus wir den gesamten Friedhof überblicken können.

Vielleicht hast du auf unserem Weg den Impuls gespürt, dass es sich lohnt, dich mehr um einen Bereich in deinem Leben zu kümmern oder gewissen Menschen und Dingen mehr Aufmerksamkeit zu schenken. Vielleicht hast du aber auch Lust bekommen, etwas Neues auszuprobieren. Vielleicht musstest du an einen bestimmten Menschen denken, dem du etwas sagen möchtest. Vielleicht, oder eher wahrscheinlich, hast du auch gespürt, dass du dir selbst noch mehr Liebe schenken und noch mehr tun könntest für die wichtigste Beziehung in deinem Leben: die Beziehung zu dir selbst.
Was auch immer du gefühlt hast, gib diesem Gefühl eine Bedeutung. Widme dich diesem Gefühl. Denn dieses Gefühl hatten viele, sehr viele von den Menschen, die auf diesem Friedhof ihre letzte Ruhe gefunden haben. Sie haben diese Gefühle ersetzt durch scheinbar dringende Dinge, die Vorrang haben sollten. Sie haben andere Bedürfnisse vor die eigenen gestellt, wollten sich »später« um diese

Dinge kümmern und bei vielen von ihnen ist aus diesem »Später« ein »zu spät« geworden. Der beste Zeitpunkt, etwas zu verändern, ist immer jetzt. Genau dieser Augenblick. Wir können diese Gefühle ständig beiseiteschieben, wir können sie verleugnen, wir können auch den Tod verleugnen, aber wenn wir das tun, dann verliert das Leben seine Tiefe. Ich hoffe, dass du auf unserem Spaziergang gemerkt hast, dass du wichtig bist. Wichtig für dich, für die Menschen um dich herum und wichtig für die Welt.

Lass nicht zu,
dass aus einem »später«
ein »zu spät« wird.

Am Ende unseres Lebens können wir hier auf derselben Bank sitzen und Gott, das Leben, das Universum oder woran auch immer du glaubst, fragen: »Warum hast du nichts gegen all die schlechten Dinge auf dieser Welt getan?!« Eine Antwort, die ich bereits jetzt in mir höre, lautet: »Das habe ich doch. Ich habe dich erschaffen.« Wir beide sind Teil der Lösung. Solange wir am Leben sind, können wir etwas verändern. Manchmal einfach durch ein Lächeln, das wir unserem Nachbarn schenken, oder durch das Aufhalten einer Tür für unsere Nächsten. Vor allem aber beginnt es mit der Veränderung von uns selbst. Ich singe ja nicht ohne Grund »I'm starting with the man in the mirror« von Michael Jackson unter der Dusche.
Schließ bitte kurz deine Augen. Ich möchte, dass du dir etwas vorstellst, was mich sehr berührt hat.

Du schließt deine Augen und nimmst den Wind wahr, der sanft dein Gesicht streichelt. Du bist voller Vertrauen und lauschst meinen Worten.

Stell dir vor, du liegst auf deinem Sterbebett und es erscheinen plötzlich Menschen an deinem Bett. Und jeder von ihnen steht für einen Traum, eine Idee, eine Vision, die mit dir sterben werden. Und sie werden traurig sein. Vielleicht auch wütend. Sie werden vielleicht sagen: »Ich war die ganze Zeit da und du hast mich nicht beachtet. Du hast mich nicht genutzt. Jetzt muss ich mit dir diese Welt verlassen, ohne dass wir andere durch unser Tun inspirieren konnten.« Wie viele Menschen werden um dein Bett herumstehen? Welche Träume bleiben unverwirklicht? Welche Visionen werden mit dir sterben? Es ist kein Zufall, dass bestimmte Visionen dein Herz höherschlagen lassen. Ihr habt euch auf wundersame Weise gefunden. Eine Idee hat einen Wunsch: Sie möchte von dir gehört werden und Wirklichkeit werden. Wie auch immer das aussehen mag.
Nun kannst du deine Augen wieder öffnen. Aber warte mal, wo wir hier schon auf der Bank sitzen, können wir nochmals etwas trinken.

Ich hole wieder das Glas und etwas Wasser hervor, gieße das Wasser ein und überreiche dir das Glas mit einem Lächeln.

Danke dir. Ich weiß echt, wie emotional dieser Spaziergang ist, und ich bin wirklich dankbar, dass du diesen Weg mit mir gehst. Weißt du, woran mich das Wasser in diesem Glas erinnert? Zunächst einmal erinnert es mich daran, dass wir sehr, sehr dankbar sein können, dass wir etwas zu trinken haben. Das ist in anderen Teilen der

Welt alles andere als selbstverständlich. Und dann erinnert es mich an den alten Gegensatz zwischen dringend und wichtig. Weißt du, wie ich das meine?

Eine Kerze brennt, um zu leuchten.
Wenn du ganz im Moment bist,
leuchtest du.

♡

Jeder Wassertropfen steht für eine dringende Aufgabe. Dringende Aufgaben sind oft mit einem Ziel verbunden, das in naher Zukunft liegt. Wir denken, wir müssten dieses Ziel unbedingt erreichen. Und so strengen wir uns an, um das Dringende zu erledigen. Darüber vergessen wir das Wichtige. Bei unseren Bemühungen haben wir zwar oft das Gefühl, dass wir »leben«, dass wir vorankommen. Aber was ist mit unseren Träumen und Visionen? Hol doch bitte mal kurz den Stein hervor, den ich dir vorhin gegeben habe.

Du holst den Stein aus deiner Tasche und gibst ihn mir.

Dieser Stein steht für deine Visionen, für die Dinge, die dir wichtig sind. Das, was wichtig ist, hat nicht unbedingt ein kurzfristiges, klares Ziel, deshalb verlieren wir es manchmal aus den Augen. So hätte der Stein in diesem Glas keinen Platz mehr, denn das Glas ist schon voll mit dringenden Dingen, dem Wasser. Andersherum hätte es geklappt: wenn wir also zuerst den Stein ins Glas getan und dann das Wasser eingefüllt hätten. Dann hätte zwar nicht mehr so viel Wasser hineingepasst, aber genau darum geht es: dass wir erst

die wichtigen Dinge tun und dann , je nachdem, wie viel Platz oder Zeit noch ist, ein paar dringende Dinge dazugeben.
Zu den wichtigen Dingen zählen unsere Träume, unsere Beziehungen zu anderen Menschen, unsere Gesundheit, unsere Lust darauf, neue Dinge zu lernen oder neuen Möglichkeiten mutig zu begegnen. Natürlich können wir auch ohne diesen Stein im Glas, ohne diese wichtigen Dinge leben, aber das wäre um einiges trauriger. Am Ende hätten wir bloß ein Leben gelebt, das mit dringenden Dingen gefüllt war. Deshalb bitte ich dich: Auch wenn du nicht immer direkt ein »Ergebnis« siehst, habe Vertrauen, dass die wichtigen Dinge einen erheblichen Teil deines Lebensglücks ausmachen werden.

Du schweigst einen Moment und ich merke, dass dich die Vorstellung ungelebter Visionen und Träume beschäftigt. In der Nähe raschelt es im Gebüsch und während wir uns nach dem Geräusch umblicken, fällt unser Blick auf einen Grabstein nur wenige Meter von uns entfernt, der von wunderschönen Blumen umgeben ist.

Ein Name. Ein Geburtsdatum. Ein Sterbedatum. Was bleibt von all den Gefühlen, Problemen, Stolpersteinen und Ängsten? Nichts als ein kleiner Strich zwischen Geburts- und Sterbedatum, nur wenige Zentimeter lang. Ein befreiender Gedanke, findest du nicht? Die Worte, die dem tauben Jungen zugerufen werden, die Misstrauenssteine, die zwischen Menschen stehen, die quakenden Frösche – alles endet hier. Die Frage ist nur: Wie viel Platz haben sie verdient auf diesem kleinen Strich?

Wenn unsere Liebsten eines Tages von uns Abschied nehmen, dann steht dort in gewisser Weise auch das Bild des Weges, den wir gegangen sind. Und wenn deine Herzensmenschen darauf schauen, rückt alles, was uns jetzt vielleicht noch beschäftigt, in den Hintergrund. Keiner wird über irdische Güter sprechen, keiner wird über dein Äußeres urteilen, sondern sie werden den Weg betrachten, deinen Weg, und Glück wird sie durchströmen, wenn sie merken, dass das Glück auf diesem Weg dich durchströmt hat. Und dafür ist es ist nie zu spät: Ein Mensch, der sein Leben lang nicht glücklich war, doch am Ende seines Lebens sein Glück findet, wird im Frieden von uns gehen, egal, was ihn vorher bedrückt oder belastet hat.

Wofür brennst du?
Was möchtest du in anderen entzünden?

Schau mal, dort vorne: die Grabkerze. Ich glaube, sie will uns etwas sagen ...

Eine rote Grabkerze brennt, geschützt vor dem leichten Abendwind, in Sichtweite von uns. Allein der Anblicke ihres Lichts schenkt uns ein wenig Wärme.

Sie brennt und sie leuchtet. Auch wenn das bedeutet, dass sie immer kürzer wird und irgendwann nicht mehr sein wird. Sie könnte auch nicht brennen, aber dafür ist sie nicht gemacht worden. Indem sie etwas von sich gibt, schenkt sie uns Licht und Wärme.

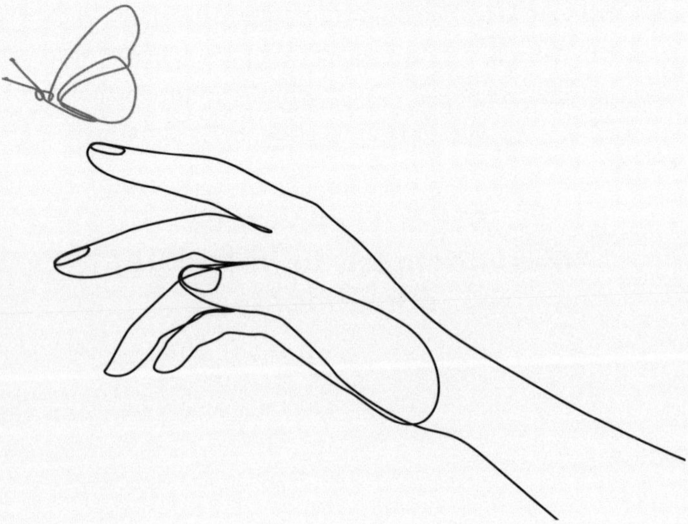

HAB VERTRAUEN,

dass alles, was für

DICH WICHTIG IST,

in dir

WEITERWIRKT.

Ich stand einst auch vor der Entscheidung: Werde ich etwas tun, wofür ich brenne, oder werde ich etwas tun, was mir als der »sichere Weg« erscheint? Aber gibt es wirklich so etwas wie den sicheren Weg? Zunächst dachte ich das. Ich habe gelernt, studiert, meinen Doktor gemacht ... und doch habe ich tief in meinem Inneren immer gespürt: Das, was ich tue, berührt mich nicht wirklich.
Und dann habe ich für mich entschieden, dass ich für etwas brennen möchte, dass ich leuchten möchte, damit andere ihren Weg besser sehen können. Ich möchte andere wärmen und sie nicht im Dunkeln stehen lassen. Wenn ich eines Tages zurückblicke, möchte ich sagen können: Ich habe mein Bestes gegeben. Mit dem, was ich hatte. An den Orten, wo ich war. Dafür möchte ich gelebt haben. Und du? Wie ist es bei dir, wofür brennst du in deinem Leben?

Eine sanfte Brise ist aufgekommen und es vergehen einige Minuten. Ich merke, dass du verstanden hast, dass auch du für etwas brennen musst, um etwas in anderen zu entzünden. Ich lasse dich in diesem Moment mit deinen Gedanken allein, denn ich spüre, dass da etwas ist. Etwas brennt in dir und du merkst, dass das Feuer nie erloschen war.
Wir sind inzwischen weitergegangen und während du noch deinen Gedanken nachhängst, taucht mit einem Mal unser Ziel auf. Vor uns steht ein wunderschönes Haus. Es strahlt ganz viel Liebe und Frieden aus und zieht uns magisch an. Du schaust das Haus an und spürst, dass du, ohne es gemerkt zu haben, die ganze Zeit genau hierherkommen wolltest. Es scheint, als wären sämtliche Gedanken und Gefühle, die du auf unserem Weg gespürt hast, in dieses Haus geströmt.

Namaste! Da sind wir! Wir sind angekommen. Adventure ... das Abenteuer ... die Ankunft... diese Worte ergeben immer mehr Sinn. Und auch wenn wir auf unserem Weg bereits oft angekommen sind, spüren wir beide, dass dies eine ganz besondere Ankunft ist.
Diesen unbeschreiblich schönen Ort wollte ich mit dir erreichen. Das Haus vor uns hat einen Namen: Es heißt »Zuhause«. Wir sind jetzt zu Hause. Wir sind bei dir. Du bist jetzt bei dir angekommen. Es ist nicht wichtig, wie dein Zuhause aussieht; wichtig ist, wie es sich anfühlt. So wie du jetzt gerade dieses Zuhause siehst, genau so ist es beschaffen. Denn es ist dein Zuhause und nur du bestimmst, was du brauchst, um dich wohlzufühlen. Selbstliebe fühlt sich oft an wie ankommen – aber nicht an einem Ort, sondern bei einem Menschen. Und dieser Mensch ... das bist du.

Wir haben kein Leben.
Wir sind das Leben.

Weißt du, warum du dieses Zuhause so siehst und so fühlst? Weil du jetzt hier bist. Ich meine, du bist wirklich hier, ganz präsent in diesem Moment. Reise mit deinen Gedanken in die Zukunft oder in die Vergangenheit und du wirst erleben, dass dieses Zuhause plötzlich verschwommen wirkt und du dich nicht mehr so wohlfühlst. Wenn du jetzt an morgen denkst, können wir vielleicht von hier aus beobachten, wie die Angst dort an dein Zuhause anklopft. Wenn du jetzt an die Vergangenheit denkst, können wir vielleicht von hier aus sehen, wie die Trauer anklopft. Wenn du aber in der Gegenwart bleibst, dann wird dieses Zuhause das Geschenk sein, das du verdienst.

Komm, wir wollen hineingehen. Ich bin neugierig, du auch? Dafür müssen wir erst mal an diesem Zaun vorbei.

Langsam durchschreiten wir einen Zaun, der das Haus umgibt. Er ist aus ganz unterschiedlichen Hölzern gebaut und strahlt dennoch eine große Stimmigkeit und Harmonie aus.

Ich finde, er ist wunderbar geworden, der »Selbstliebezaun« deines Zuhauses. Er ist Schutz und Symbol zugleich. Jeder Mensch, der diesen Zaun sieht, weiß: Hier ist ein Mensch zu Hause, der auf sich achtgibt, der Grenzen setzt, um sich innerhalb dieser Grenzen seiner Grenzenlosigkeit zu widmen.
Und wie gefällt dir dein Vorgarten? Ich finde ihn wunderschön. Das sind alles Schlüsselblumen; deine ganz persönliche Schlüsselblume hast du ja noch in deiner Tasche. In diesem Vorgarten kannst du nun viele wunderschöne, duftende Blumen für deinen »Vertrauens-Blumenstrauß« pflücken. Schmücke damit dein Zuhause. Und nun lass uns endlich ins Haus hineingehen.

Wir drücken die Türklinke herunter, öffnen die Haustür und betreten gespannt und voller Vorfreude dein Zuhause.

Die Tür war die ganze Zeit offen. Es gibt keinen geheimnisvollen Schlüssel, den wir erst im Wald finden mussten. Du musstest dich nur entschließen, nach Hause zu kommen und durch diese Tür zu gehen. Lass uns die Schuhe draußen lassen. Schau, sie sind etwas schmutzig, vor allem wegen des Trampelpfads, den wir gegangen sind und durch den du jetzt anderen Menschen einen neuen Weg aufzeigst. Du inspirierst sie durch deinen Weg. Ja, mehr noch: Du hast und wirst Spuren in den Herzen anderer Menschen hinterlassen. Diese Spuren bleiben erhalten.

Wir treten in das erste Zimmer des Hauses ein. Es wirkt alles so vertraut und voller Liebe. Die Farben, der Geruch … – alles erfüllt unser Herz mit Frieden und Glück.

Was für ein wunderschönes Zimmer. Mir gefällt die Uhr, die an der Wand deines Zuhauses hängt. Sie zeigt nicht die Uhrzeit an, sondern die Sekunden eines Tages. Sie zeigt dir an, dass wir jeden Tag 86 400 Sekunden geschenkt bekommen. Weder können wir diese Zeit in den nächsten Tag mitnehmen, noch wissen wir, wann die Uhr von der Wand genommen wird. Sie möchte dich liebevoll daran erinnern, dass du die Sekunden jedes einzelnen Tages nutzt und in Dinge investierst, die dich glücklich machen. Entziehe dem Unglücklichsein die Zeit. Dann bleibt nur das Sein des Augenblicks übrig. Unglück und Probleme haben im Jetzt keine Überlebenschance. Da es draußen schon dunkel ist, lass uns hier drinnen ein wenig Licht machen. Nicht mit den Lampen. Lass uns stattdessen eine Kerze anzünden. Sie soll für uns leuchten, auch wenn das heißt, dass sie deswegen irgendwann nicht mehr sein wird.

Durch ein großes Fenster blicken wir hinaus in den Garten auf der Rückseite deines Zuhauses. Ohne uns abzusprechen, gehen wir beide nach draußen, unsere Schritte führen uns wie von allein zu einem kleinen Teich am Ende des Gartens, in dessen Wasser sich der Mond spiegelt.

Wenn wir in die Stille gehen, werden wir auf den Grund dieses Teiches schauen können, egal, wie aufgewühlt das Wasser vorher gewesen sein mag. In der Stille werden wir immer den Grund aller Dinge sehen. Und schau mal, dort drüben, dieser wunderschöne Baum.

Wenige Schritte vom Teich entfernt steht ein kleiner Baum, dessen Anblick eine große Ruhe in uns auslöst.

Siehst du, dass eine Leiter an ihm lehnt? Dort, wo du deine Leiter an einen Baum stellen kannst, fühlt es sich an wie nach Hause kommen. Komm, wir ritzen etwas in seinen Stamm.

Ich gebe dir ein kleines Taschenmesser, das in meiner Jackentasche steckte, und wir gehen ein paar Schritte auf den Baum zu.

Ritze etwas in den Baum, an das du dich von unserem Spaziergang immer erinnern möchtest. Etwas, das auch bei Sturm und Regen Bestand haben wird. Nimm dir Zeit und schreibe das, was sich jetzt für dich richtig anfühlt. Ich warte hier auf dich.

Ich trete einige Schritte beiseite und beobachte dich, wie du kurz überlegst und dann ganz liebevoll etwas in den Baum ritzt, das dir in diesem Moment am Herzen liegt.

Ich finde, du hast genau die richtigen Worte gewählt. Ich weiß nicht, was gerade mehr strahlt, die Sonne heute Mittag oder du. Du strahlst mindestens genauso hell, denn du bist ein »Sonnenmensch«. Ach, darüber haben wir noch gar nicht gesprochen, oder? Also, was ich damit sagen will, ist: Es gibt Menschen, die verstehen, dass sie Sonnen sind. Und es gibt andere Menschen, die denken, sie seien Monde. Der Unterschied zwischen einem »Sonnenmenschen« und einem »Mondmenschen« ist folgender: Der Sonnenmensch scheint wie die Sonne und der Mondmensch wird angeschienen wie der Mond. Eine Sonne richtet Licht auf andere und scheint immer im Jetzt. Du scheinst immer, wenn du im Jetzt bist. Der Mond scheint auch, aber sehr schwach und er wartet darauf, dass die Sonne ihn anscheint. Manche Mondmenschen warten auch darauf, dass das Licht vergangener Tage sie anscheint. Du hast immer die Entscheidung: Bist du ein Sonnenmensch oder ein Mondmensch? Und so wie ich dich auf unserem Spaziergang erlebt habe, würde ich ganz klar sagen, dass du ein Sonnenmensch bist. Denn das Licht, die Wärme und die Liebe, die du ausstrahlst, werden Menschen immer dazu bringen, sich dir zu öffnen.

Du bist,
wonach du suchst.

Komm, ich glaube, in deinem Zuhause gibt es noch mehr zu sehen. Ich bin so froh, mit dir hier zu sein! Ich habe mich dir noch nie so nah gefühlt.

Wir gehen wieder ins Haus hinein. Eine angenehme Wärme umfängt uns und wir erblicken ein ganz besonderes Bild.

Schau, dein »Lebensbild«! Es hängt an dieser Stelle einfach perfekt! Vielleicht hat es auch schon einen Titel von dir bekommen? Weißt du, warum es so gelungen ist? Wegen all der Farben, Töne und Striche. Alles, was deinen Weg ausgemacht hat, all die Menschen und Erfahrungen, all die Entscheidungen, die du getroffen hast, all die Enttäuschungen und Entdeckungen sind in diesem Bild enthalten. Und wenn du mal einen kleinen dunklen Punkt auf deinem Bild erkennst, dann geh nicht zu nah an das Bild heran, sondern tritt einen Schritt zurück, um stets das Gesamtkunstwerk zu sehen. Ich bin gespannt, wie es wohl aussieht, wenn ich das nächste Mal zu dir komme. Ich werde bestimmt schon bald wieder bei dir anklopfen. Vielleicht fragst du dich dann, ob es Gefühle sind, die vor der Tür stehen, oder ob ich es bin. Tja, du wirst es dann schon sehen und uns hoffentlich alle willkommen heißen.

Wenn du ganz bei dir bist,
wirst du überall Schönheit entdecken.

Und ist dir der Schallplattenspieler aufgefallen? Er scheint ja schon einige Musikstücke gespielt zu haben. Du entscheidest, welche Musik hier gespielt wird. Wenn dir ein Lied nicht gefällt, dann brauchst du es dir nicht anzuhören. Vielleicht läuft in deinem Zuhause auch mal Bollywood-Musik. Das würde mich echt freuen und dann gehört natürlich der »Bollywood-Romantik-Moment« nur dir! Tanze, solange die Musik spielt, und sie spielt genau jetzt.
Hier ist noch eine Tür, aber dort müssen wir jetzt nicht hineingehen. Kannst du hören, was sich dahinter verbirgt? Halt dein Ohr ganz

dicht an die Tür. Hörst du es? Ich höre es ganz deutlich. Ein Kinderlachen. Es ist dein Kinderlachen. Ich glaube, es war sehr gut, dass wir die kleine Hütte im Wald besucht haben. In deinem Zuhause herrscht Frieden, in jedem Raum. Pass gut darauf auf.
Wenn du zu Hause bist, wenn du ganz bei dir bist, wirst du überall Schönheit entdecken. Ich habe dir ja gesagt: »Die Schönheit des Waldes gehört dem, der sie entdeckt. Und die Schönheit des Lebens gehört dem, der sie entdeckt.« Du hast vielleicht gespürt, was sich bei dir auf die Schönheit gelegt hatte und was du nun wieder »entdecken« hast. Und immer, wenn du etwas entdeckt hast, lass auch andere Menschen daran teilhaben. Zeige ihnen die Schönheit des Lebens. Nimm sie in deine Wandergruppe auf und mache ihnen klar, dass auch sie wichtig für die Welt sind.
Irgendwie möchte ich nicht so wirklich, dass unser Spaziergang vorbei ist. Mir ist aber klar, dass Dinge, die wir lieben, ein Ende haben. Aber du weißt ja: Es ist immer alles da. Sonne und Mond. Tag und Nacht. Anfang und Ende. Wenn ich dich so anschaue, habe ich das Gefühl, dass dein Spaziergang zum Teil gerade erst angefangen hat. Möge dir jeder einzelne Schritt Freude bringen, denn nur darum geht es.
Ich habe diesen Weg mit dir so sehr genossen und dafür möchte ich dir von Herzen danken. Danke für alles. Ich kann mich nur wiederholen: Du tust mir gut! Und du weißt ja, wie du von nun an auf solche Komplimente reagierst. Dieser Spaziergang hat auch in mir so viel bewegt. All die Dinge, die wir gesehen und erlebt haben ..., sie konnten aber nur etwas in mir bewegen, weil das, was bewegt wurde, bereits vorher in mir war. Genauso ist es bei dir. Alles, was du in dir gespürt hast, war bereits da. Und das ist eine so schöne Erkenntnis,

denn sie bedeutet auch für dich in Zukunft: Alles, was du spürst, all die Antworten, die du suchst – sie sind bereits da. In dir.
Gehe noch mal unseren Weg in Gedanken durch und rufe dir die Orte in Erinnerung, die in dir weiterleben. Auch wenn ein paar Erlebnisse nicht immer präsent sind – hab Vertrauen, dass alles, was für dich wichtig ist, in dir weiterwirkt.

Freu dich auf das, was das Leben dir noch schenken wird. Bleibe offen. Der beste Zeitpunkt für Veränderung ist immer jetzt.

Denke an die Fußspuren, die du auf unserem Spaziergang hinterlassen hast. Wenn ein Vogel deine Spuren sehen würde, würden sie ihm wie eine Linie vorkommen. Wenn wir unseren letzten Spaziergang hier auf dieser Erde gemacht haben und zurückblicken, werden auch wir eine Linie erkennen. Unsere Lebenslinie. Sie begann an dem Tag, als wir das Licht der Welt erblickt haben, und sie endet dort, wo wir diese Welt verlassen werden. Wenn wir diese Lebenslinie aber aus der Nähe betrachten, wird sie aus vielen kleinen Fußspuren bestehen, die du auf dieser Welt hinterlassen hast. Und am Ende werden wir nicht sagen: »Diese Linie war einfach wunderbar«, sondern wir werden an einzelne Fußspuren denken und sagen: »Dieser Moment war wunderschön!« oder »Wenn ich an diesen Schritt denke, schlägt mein Herz immer noch höher!« Bedenke das bei allen Schritten und Spuren, die du von nun an hinterlassen wirst.
Der Wald ist überall in deinem Leben: die Wiesen, die neuen Wege, die Bäume, die Flüsse und Gewässer … Egal, wo du bist, der Wald

und unser Spaziergang sind immer nur einen Gedanken entfernt. Aber die Zeit für diesen Gedanken, die musst du dir schon nehmen. Ohne dabei ein schlechtes Gewissen zu haben.

Hab Vertrauen.
Sei dankbar. Schenke dir selbst und anderen Menschen Liebe.

Egal, wo ich mich befinde, kein Ort dieser Welt kann verhindern, dass ich zu diesem inneren Wald reise. Und wenn dir danach zumute ist und du ein paar Schritte noch mal erleben möchtest, dann schließ die Augen und begib dich innerlich auf einen Spaziergang. Wenn du dein Glück sehen willst, musst du nämlich manchmal deine Augen schließen.
Aber es werden auch Momente kommen, die dich aufwühlen. Es werden Momente kommen, in denen du denkst, du hättest dich für den falschen Weg entschieden. Es werden Momente kommen, in denen du nicht taub bist für die Stimmen derjenigen, die dich verunsichern wollen. Frage dich in diesen Momenten: Was würde dein 90-jähriges Ich dir jetzt raten? Vielleicht sitzt es dort draußen im Garten auf einem gemütlichen Stuhl. Ich bin mir sehr sicher, dass es dir in ruhigen Worten klarmachen würde, dass du dir keine Sorgen machen musst. Sich keine Sorgen zu machen, verhindert nicht, dass Dinge passieren, die wir nicht mögen. Aber es verhindert, dass wir die guten Dinge, die uns passieren, nicht genießen können. Wenn du in Selbstmitleid versinkst, weil alles nicht so läuft, wie du es gerne hättest, wirf einen Blick ins Kinderzimmer und du wirst merken, wie glücklich du dich in deinem Leben schätzen darfst.

Und ein paar Dinge hast du ja von nun an auch immer dabei: den Samen, den Stein, die Blume, den kleinen Stock ... All diese Dinge werden dich an das erinnern, was du in manchen Momenten brauchst. Sie werden dich daran erinnern, dass du Vertrauen haben darfst. Sie werden dich daran erinnern, dass es immer einen Grund zur Dankbarkeit gibt. Daran, dass du dir Liebe schenken darfst und sollst. Sie werden dich an deinen unendlichen Wert erinnern und daran, dass alles gut ist und besser wird.
Auf unserem Spaziergang hast du vielleicht auch deine Freiheit neu »ent-deckt«. Vielleicht lagen ein paar Gedanken auf ihr und haben sie so zugedeckt. Vielleicht lagen ein paar Erlebnisse auf ihr, vielleicht lagen irgendwelche Ängste auf ihr, vielleicht lagen die Meinungen anderer Menschen auf ihr. Du hast jetzt zwei Freiheiten: die Freiheit, deinen Wünschen nachzugehen, oder die Freiheit von jeglichen Wünschen. Ich wünsche dir, dass du eines Tages »wunschlos« glücklich bist. Denke aber nicht, dass du ein Leben hast, um deinen Wünschen nachzugehen. Du »hast« kein Leben. Du »bist« das Leben.
Schau mal, dort vorne ist noch eine Tür zu einem Raum. Komm, lass uns schauen, was sich dort befindet.

Ganz vorsichtig öffnen wir seine Tür. Er ist ziemlich groß, hat einen wunderschönen alten Holzfußboden und glatte, hohe Wände. Vor allem aber ist der Raum leer – bis auf einen Spiegel in der Mitte des Raumes.

Schau in den Spiegel, schau dir selbst in die Augen. Erinnerst du dich noch an die Frage, die ich dir am Anfang unseres Spaziergangs gestellt habe? Ich habe dich gefragt: »Wer bist du?«

Ja, wer bist du?
Ich hoffe, du siehst jetzt dein wahres Ich.
Da hinter deinem Körper ...,
da ist so viel Schönheit und Verletzlichkeit.
Da hinter diesen Vorurteilen und Erwartungen ...,
da ist so viel Offenheit und Ehrlichkeit.
Da hinter dieser Vergangenheit ...,
da ist so viel Leidenschaft und Liebe.
Ich hoffe, du siehst dein wahres Ich ...,
denn es ist so wunderschön!
Du bist wunderschön. Nicht weil du besser als andere bist, sondern weil nur du so lachst, wie du lachst, und weil nur du so bist, wie du bist. Ich wünsche dir, dass du dich in deine Einzigartigkeit verliebst.

Schenke entweder Freude oder Glück.
Wenn nicht, verschenkst du die Möglichkeit
auf Freude oder Glück.

Und weißt du was? Jede Antwort, die du auf die Frage »Wer bist du?« hättest, wäre falsch. Denn die Antwort auf diese Frage bist du selbst! Du kannst nichts kriegen, was du schon bist. Du bist, wonach du suchst.
Ich gehe nun meinen Weg weiter. Danke, dass du mich in deinem Zuhause empfangen hast. Ich weiß, dass deine Tür immer offen steht, und ich werde dich wieder besuchen. Wir sehen uns wieder. Ganz bald und wann immer du möchtest.

Ich glaube, dass es in diesem Moment wieder angefangen hat zu regnen. Es sind wieder kleine Freudentränen, die vom Himmel fallen. Und einige von ihnen treffen auf die Stelle, an der wir zu Beginn unseres Spaziergangs unseren Samen gepflanzt haben. Ich glaube, nein, ich bin mir sicher, dass in diesem Augenblick der Samen noch ein bisschen mehr wächst …

Als ich voller Dankbarkeit für diesen schönen Tag aus der Tür deines Zuhauses trete, atme ich die milde Abendluft ein. Ich schreite durch deinen Zaun der Selbstliebe und während ich noch einmal zurückblicke, muss ich lächeln. Ich weiß gar nicht so genau, warum … Vielleicht ist es wegen deines Blicks in genau diesem Moment … vielleicht wegen deiner Gedanken genau jetzt … Aber eins weiß ich mit Sicherheit: Das war wirklich ein Spaziergang zu uns selbst.

7

UND JETZT DU …

WILLKOMMEN ZU HAUSE!

- Welche Gedanken nimmst du mit in dein künftiges Leben? Trage sie in die Tür ein.

EIN PAAR LETZTE SCHRITTE ZUM SCHLUSS

Danke für diesen wunderschönen Spaziergang. Du hast mich wieder an so vieles erinnert und tiefe Dankbarkeit in mir ausgelöst. Ich hoffe sehr, dass mir das auch bei dir gelungen ist. Ich bin überzeugt davon, dass das, was in dir wirken soll, zur rechten Zeit wirken wird. Ganz ohne Druck. Ich wünsche mir, dass die Leichtigkeit dieses Spaziergangs Einzug in dein Leben hält. Vielleicht fragst du dich, warum ich mir all diese Dinge für dich wünsche. Eigentlich ist es sehr simpel: Ich mag Menschen. Und somit mag ich auch dich. Und ich mag es sehr, wenn Menschen glücklich sind. Ich weiß nämlich, dass dein Glück in die Welt strahlen wird und wir beide so die Welt etwas glücklicher machen werden. Unterschätze bitte niemals, was für Auswirkungen ein Lächeln oder ein freundliches Wort von dir haben können. Du bist wichtig. Deswegen war es, so glaube ich, auch kein Zufall, dass wir beide diesen Spaziergang gemacht haben. Menschen, die sich guttun, finden einen Weg zueinander. Manche nennen es Schicksal. Ich bin diesem Wort nicht abgeneigt, aber ich weiß, dass es einiger deiner und meiner Entscheidungen bedurfte, damit wir diese Reise antreten konnten. Und deswegen wünsche ich dir auch weiterhin mutige Entscheidungen voller Vertrauen und Hoffnung. Dieser Spaziergang war nur eine Entscheidung von dir entfernt und so sind viele zauberhafte Dinge oftmals auch nur eine Entscheidung von dir entfernt. Ich bin wirklich der festen Meinung, dass wir jetzt nicht am Ende, sondern am Anfang sind. Von was genau dies jetzt der Anfang ist ..., das wird die Zeit zeigen und vielleicht lässt du mich teilhaben an den Dingen, die in deinem Leben passieren. In diesem Buch habe ich wirklich persönliche und wahre Geschichten mit dir geteilt. Mir war es wichtig, dass du mich besser kennenlernst und verstehst, dass ich ein demütiger Schüler des Lebens bin. Ich bin wie du. Du bist wie ich. Wir haben sehr viel gemeinsam. Nimm alles, was dich in diesem Buch berührt hat, und teile es mit der Welt. Teile wichtige Botschaften mit deinen Herzensmenschen, poste Fotos von Stellen, die etwas in dir ausgelöst haben, auf deinen Social-Media-Kanälen und sprich Themen in deinem Familien- oder Freundeskreis an, die du nicht vergessen kannst. Lass diesen Spaziergang Teil deines Lebens werden. Indem du dich ab und zu mit diesem Buch auf bestimmte Wege machst oder vielleicht die Symbole einzelner Kapitel tatsächlich bei dir trägst. Ich habe schon oft mitbekommen, dass das Leben sich sehr schnell ändern oder auch vorbei sein kann. Ich möchte nichts bereuen und ich hätte es bereut, wenn wir nicht diesen Spaziergang miteinander gemacht hätten. Der Samen, den wir am Anfang des Buchs gepflanzt

haben, der wächst jetzt auch in dir. Du bist nun an der Reihe, dafür zu sorgen, dass er mit genügend schönen Gedanken und bedeutungsvollen Taten gegossen wird.
So sehr die Natur in diesem Buch unsere Herzen mit Liebe gefüllt hat, so liebevoll sollten wir fortan auch mit ihr umgehen. Das wünsche ich mir sehr.

Manchmal wächst ein Samen unter großer Anstrengung, wohlbehütet von Mutter Natur.
Er wächst und wächst ... und steht dann vor seiner größten Aufgabe:
Bevor der Weg ans Licht führt, muss er die Erde durchbrechen.
Manchmal gelingt es leicht, manchmal jedoch ist dafür alle Kraft der Welt nötig.
Während die Pflanze zu blühen versucht, passt Mutter Natur weiter auf die Wurzel auf,
voller Vertrauen, voller Hoffnung, voller Demut, voller Dankbarkeit, voller Liebe.
Und dann geschieht das Wunder. Die Pflanze lebt.
Denn sie hat Ja zum Leben gesagt.
Und sie wird weiterwachsen – in die Höhe, wie es ihr beliebt. Immer fest verwurzelt im Schutze von Mutter Natur.

Meine Liebe für Mutter Natur und die Pflanze,
die sie hervorgebracht hat, ist unendlich.
14. März 2022

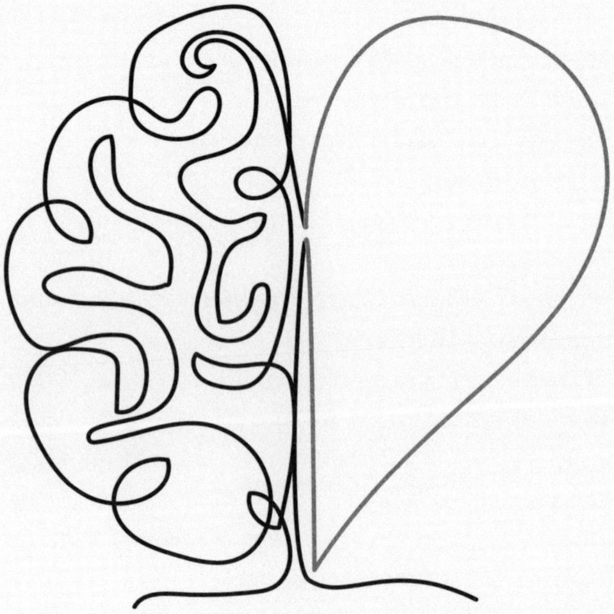

Selbstliebe fühlt sich
oft an wie ankommen –
wie nach Hause kommen.
Aber nicht an einen Ort,
sondern bei einem Menschen.
Und dieser Mensch,
der bist du.

ÜBER DEN AUTOR

Dr. Biyon Kattilathu, Kind indischer Einwanderer, im Ruhrpott aufgewachsen, ist der Motivations-Entertainer im deutschsprachigen Raum. In kürzester Zeit eroberte er die Social-Media-Bühne und erreicht über seine Kanäle Millionen von Menschen. Er ist gelernter Diplom-Wirtschaftsingenieur und promovierte in Kundenpsychologie. »Verlasse die Welt ein wenig schöner, als du sie vorgefunden hast.« Dieser Satz seiner Eltern prägte Biyons Kindheit. Er ist davon überzeugt, dass jeder Mensch dazu fähig ist, sein Potenzial zu entfalten, unabhängig von Alter, Herkunft, sozialem Status und persönlicher Vergangenheit. Bei Gräfe und Unzer veröffentlichte Biyon den Bestseller »Der Rikscha-Fahrer, der das Glück verschenkt« und das Motivationstagebuch »Weil jeder Tag besonders ist«.

Bildnachweis
Cover: Calo Ballaera, Getty Images, Shutterstock,
Bettina Stickel/ki36 (Illustrationen)
Adobe Stock: S. 4, 12, 16, 22, 28, 40, 54, 68, 84, 98, 108, 122, 134, 142, 158, 172, 184, 188; Calo Ballaera: S. 2, U4; William Daigneault/Unsplash: S. 28, 134 (Wh.); Maxx Gong/Unsplash: S. 54; Dave Hoefler/Unsplash: S. 84, 158 (Wh.); Michael Krahn/Unsplash: S. 184; Mērija Melbārde: S. 27, 53, 83, 107, 133, 157, 183; iStockphoto: S. 16 (Foto); Tom Shakir/Unsplash: S. 4; Shutterstock: S. 54, 184; The noun project: S. 16, 54

LIEBE LESERINNEN UND LESER,

wir wollen Ihnen mit diesem Buch Informationen und Anregungen geben, um Ihnen das Leben zu erleichtern oder Sie zu inspirieren, Neues auszuprobieren. Wir achten bei der Erstellung unserer Bücher auf Aktualität und stellen höchste Ansprüche an Inhalt und Gestaltung. Alle Anleitungen und Rezepte werden von unseren Autoren, jeweils Experten auf ihren Gebieten, gewissenhaft erstellt und von unseren Redakteur*innen mit größter Sorgfalt ausgewählt und geprüft.

Haben wir Ihre Erwartungen erfüllt? Sind Sie mit diesem Buch und seinen Inhalten zufrieden? Wir freuen uns auf Ihre Rückmeldung. Und wir freuen uns, wenn Sie diesen Titel weiterempfehlen, in Ihrem Freundeskreis oder bei Ihrem Online-Kauf.

Sollten wir Ihre Erwartungen so gar nicht erfüllt haben, tauschen wir Ihnen Ihr Buch jederzeit gegen ein gleichwertiges zum gleichen oder ähnlichen Thema um.

KONTAKT ZUM LESERSERVICE

GRÄFE UND UNZER VERLAG
Grillparzerstraße 12
81675 München
www.gu.de

IMPRESSUM

Postfach 860366,
81630 München

GU ist eine eingetragene Marke der GRÄFE UND UNZER VERLAG GmbH, www.gu.de

ISBN 978-3-8338-8606-5
1. Auflage 2022

GRÄFE UND UNZER
Ein Unternehmen der
GANSKE VERLAGSGRUPPE

Projektleitung:
Anja Schmidt
Lektorat:
Dr. Antje Korsmeier
Bildredaktion:
Simone Hoffmann, Katharina Krause, Nele Schneidewind
Umschlaggestaltung und Layout: ki36 Editorial Design, Bettina Stickel und Sabine Skrobek
Layout und Aufmacher: ki36 Editorial Design, Sabine Skrobek
Herstellung:
Susanne Fuhrmann
Satz: Uhl + Massopust, Aalen
Repro: Longo AG, Bozen
Druck & Bindung:
DZS Grafik, Slowenien

Syndication:
www.seasons.agency